오천 년 우리 역사가 쉬워지는 50가지 한국사
오늘부터 초등 역사왕

초판 1쇄 발행 2025년 8월 15일
초판 2쇄 발행 2025년 9월 15일

지은이 최선민
펴낸이 이주화

콘텐츠 개발팀 임지연, 여수진
콘텐츠 마케팅팀 안주희
책임편집 김안온 **디자인** 박영정

펴낸곳 ㈜클랩북스 **출판등록** 2022년 5월 12일 제2022-000129호
주소 서울시 마포구 어울마당로3길 5, 201호
전화 02-332-5246 **팩스** 0504-255-5246
이메일 clab22@clabbooks.com
인스타그램 instagram.com/clabbooks
블로그 blog.naver.com/clabbooks
페이스북 facebook.com/clabbooks

ISBN 979-11-93941-38-6 74700
　　　979-11-93941-11-9 74700(세트)

· 책값은 뒤표지에 있습니다.
· 파본은 구입하신 서점에서 교환해드립니다.
· 이 책은 저작권법에 의하여 보호를 받는 저작물이므로 무단 전재와 복제를 금합니다.

> (주)클랩북스는 독자 여러분의 책에 관한 아이디어와 원고 투고를 기다리고 있습니다.
> 책 출간을 원하시는 분은 이메일 clab22@clabbooks.com으로 간단한 개요와 취지, 연락처 등을 보내주세요.
> '지혜가 되는 이야기의 시작, 클랩북스'와 함께 꿈을 이루세요.

오천 년 우리 역사가 쉬워지는 50가지 한국사

오늘부터 초등 역사왕

최선민 지음

차례

- 이 책의 구성과 특징   8
- 작가의 말   10

1장 선사 시대~삼국 시대

- 농사가 시작된 신석기 시대   14
  - 배경지식 더하기   선사 시대   16
- 큰 돌을 사용한 무덤, 고인돌   18
  - 배경지식 더하기   계급 사회의 시작   20
- 고조선 건국 이야기   22
  - 배경지식 더하기   고조선의 유물   24
- 주몽의 탄생 설화   26
  - 배경지식 더하기   고구려와 백제의 건국   28
- 고구려 광개토 대왕의 영토 확장   30
  - 배경지식 더하기   광개토 대왕과 장수왕   32
- 백제 무왕과 선화 공주 이야기   34
  - 배경지식 더하기   백제 문화와 백제의 멸망   36
- 철의 왕국, 가야   38
  - 배경지식 더하기   활발한 국제 무역을 했던, 가야   40
- 이차돈의 순교와 불교 공인   42
  - 배경지식 더하기   신라 불교문화의 발전   44
- 이사부 우산도 정벌   46
  - 배경지식 더하기   독도는 우리 땅!   48
- 우리나라 최초의 여왕, 선덕 여왕   50
  - 배경지식 더하기   선덕 여왕 시대의 유적지   52
- 통일 신라의 주역, 화랑   54
  - 배경지식 더하기   신라의 골품 제도   56

- 삼국의 발전과 백제와 멸망 58
  - 배경지식 더하기 황산벌 전투 60

2장 남북국 시대~고려 시대

- 고구려의 멸망과 신라의 삼국 통일 64
  - 배경지식 더하기 용이 되어 나라를 지키는 문무왕 66
- 고구려를 계승한 발해 68
  - 배경지식 더하기 우리의 역사, 발해 70
- 바다를 지킨 장보고 72
  - 배경지식 더하기 청해진과 신라방 74
- 신라의 분열과 후삼국 시대 76
  - 배경지식 더하기 마의 태자와 포석정 이야기 78
- 왕건의 고려 건국 80
  - 배경지식 더하기 왕건의 훈요십조 82
- 만부교 사건과 서희의 담판 84
  - 배경지식 더하기 거란의 침입 86
- 무신 정변 88
  - 배경지식 더하기 고려의 중심 세력 변화 90
- 몽골의 침입과 삼별초의 항쟁 92
  - 배경지식 더하기 팔만대장경 94
- 공민왕의 반원 자주 정책 96
  - 배경지식 더하기 몽골풍과 고려양 98
- 우리나라의 도자기 발달 100
  - 배경지식 더하기 아름다운 우리나라의 도자기 102
- 위화도 회군과 조선의 건국 104
  - 배경지식 더하기 조선의 건국 과정 106

3장 조선 시대

- 유교 정신으로 만들어진 조선   110
  - 배경지식 더하기   유교 사상이 담겨 있는 한양   112
- 조선 최고의 성군, 세종 대왕   114
  - 배경지식 더하기   세종 대왕의 업적   116
- 불운한 왕 단종   118
  - 배경지식 더하기   『경국대전』을 완성한 성종   120
- 연산군과 광해군   122
  - 배경지식 더하기   조선 시대 최악의 폭군   124
- 임진왜란   126
  - 배경지식 더하기   임진왜란 때 의병의 활동   128
- 이순신 장군   130
  - 배경지식 더하기   『난중일기』와 『징비록』   132
- 정묘호란과 병자호란   134
  - 배경지식 더하기   소현 세자와 봉림 대군   136
- 영조의 개혁 정치   138
  - 배경지식 더하기   탕평비와 『한중록』   140
- 정조와 정약용   142
  - 배경지식 더하기   실학의 발전   144
- 조선 후기 서민 문화의 발달   146
  - 배경지식 더하기   탈놀이와 풍속화   148
- 천주교 박해와 김대건 신부   150
  - 배경지식 더하기   병인박해와 병인양요   152

4장 개항기~현대

- 흥선 대원군의 집권   156
  - 배경지식 더하기   운요호 사건과 강화도 조약   158

- 임오군란과 갑신정변 160
  - 배경지식 더하기 갑신정변과 갑오개혁 162
- 동학 농민 운동 164
  - 배경지식 더하기 청일 전쟁과 갑오개혁 166
- 을미사변과 아관 파천 168
  - 배경지식 더하기 일본의 만행과 단발령 170
- 대한 제국의 수립과 국권 피탈 172
  - 배경지식 더하기 항일 의병 운동 174
- 독립 선언서와 3·1 운동 176
  - 배경지식 더하기 일제의 탄압과 유관순 열사 178
- 우리 문화를 지키기 위한 노력 180
  - 배경지식 더하기 조선 총독부 182
- 우리 민족의 저항 184
  - 배경지식 더하기 독립투사와 저항 시인 186
- 8·15 광복과 대한민국 정부 수립 188
  - 배경지식 더하기 광복 이후의 혼란 190
- 한국 전쟁과 남북 분단 192
  - 배경지식 더하기 동족상잔의 비극 194
- 이승만 정권과 4·19 혁명 196
  - 배경지식 더하기 선거의 4대 원칙 198
- 박정희 정권과 새마을 운동 200
  - 배경지식 더하기 박정희 대통령 시대의 명암 202
- 전두환 정권과 6월 민주 항쟁 204
  - 배경지식 더하기 1980년대 민주화 운동의 중심 206
- 우리나라의 경제 성장 208
  - 배경지식 더하기 시대별 산업의 변화와 서울 올림픽 대회 210
- 경제 위기를 극복한 국민들 212
  - 배경지식 더하기 세계를 놀라게 한 국민들의 노력 214
- 세계 속의 한국 216
  - 배경지식 더하기 높은 문화의 힘 218

이 책의 구성과 특징

이 책은 선사 시대부터 현대까지 초등학생이라면 꼭 알아야 할 역사 속 핵심 인물과 사건 50가지를 소개합니다. 시간의 흐름에 따라 일목요연하게 정리된 역사를 살피며 아이들이 역사 지식을 쌓고, 나아가 역사에 더욱 관심을 갖게 되길 바랍니다.

아이들이 차근차근 역사의 흐름을 살필 수 있도록 역사적 주요 사건과 인물을 시기별로 엄선했습니다.

<한 줄 정리>는 본문에서 반드시 짚고 넘어가야 할 역사를 한 줄로 요약했습니다.

<내용 깊이 알아보기>는 역사의 한 장면을 읽고 자신의 생각을 풀어 볼 수 있도록 유도하는 질문으로 구성합니다.

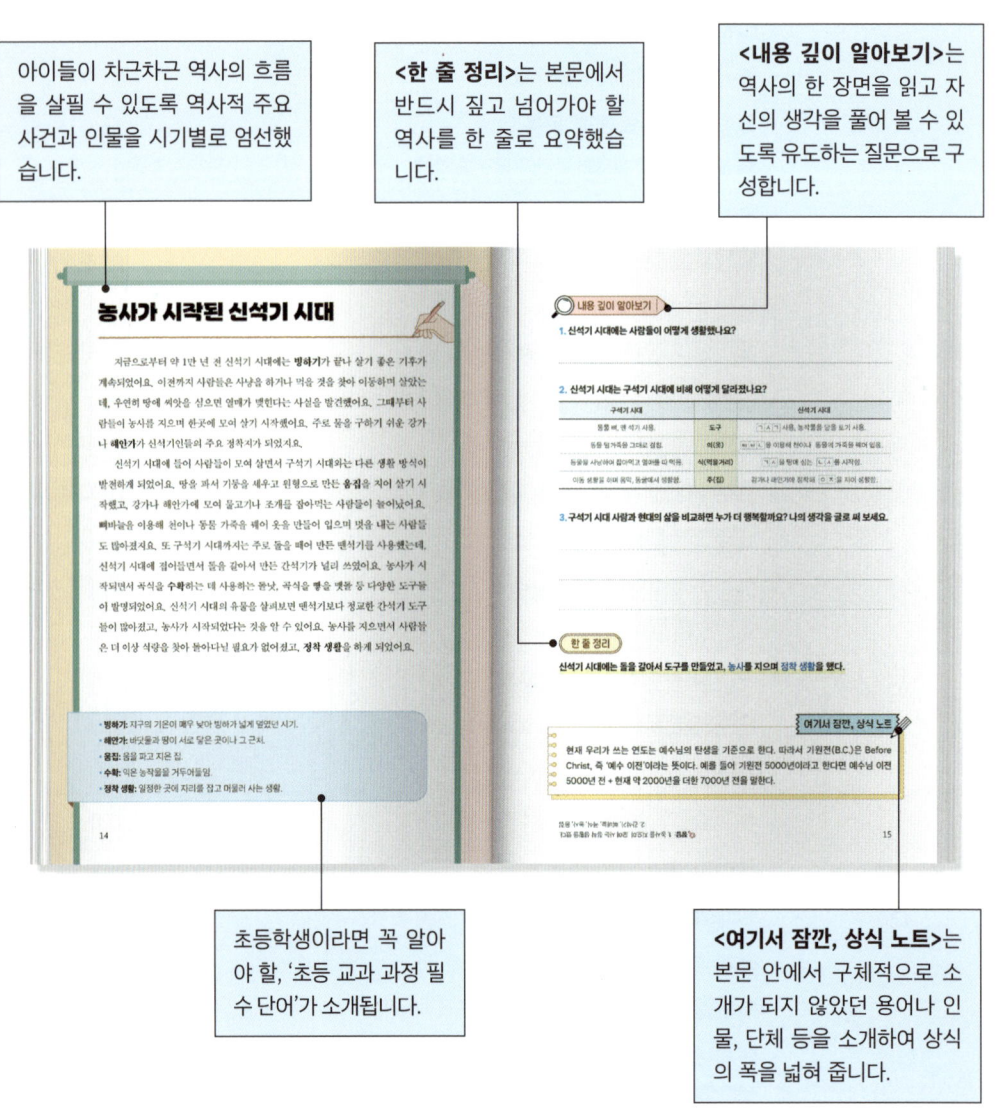

초등학생이라면 꼭 알아야 할, '초등 교과 과정 필수 단어'가 소개됩니다.

<여기서 잠깐, 상식 노트>는 본문 안에서 구체적으로 소개가 되지 않았던 용어나 인물, 단체 등을 소개하여 상식의 폭을 넓혀 줍니다.

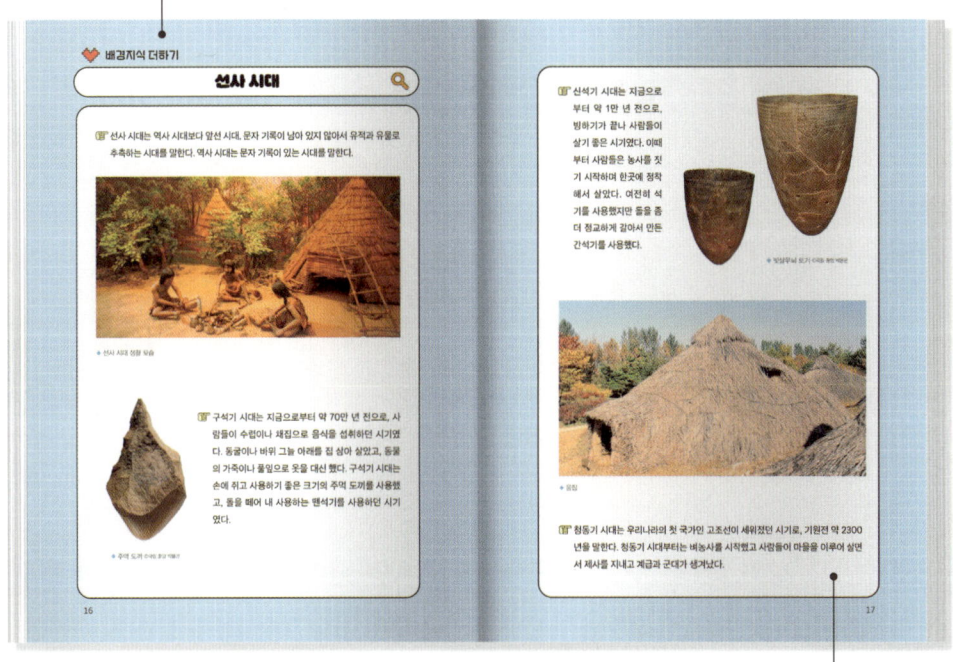

<배경지식 더하기>는 앞에서 배운 내용을 사진과 지도 등 시각 자료를 풍성하게 수록하여 앞에서 배운 내용을 다시 한번 짚어 줍니다.

아는 만큼 보인다! 쑥쑥 자라는 역사 지식의 양만큼 세상을 바라보는 눈이 더 밝아질 거예요!

일러두기

* 이 책에 소개된 단어의 뜻풀이를 비롯하여 외래어, 지명, 연도는 국립국어원의 표준국어대사전을 참고하였습니다.
* 이 책에 실린 사진 일부는 저작권자를 찾지 못한 채 쓰였습니다. 클랩북스로 연락해 주시면 합당한 사용료를 드리겠습니다.

작가의 말

"사랑하면 알게 되고 알게 되면 보이나니, 그때 보이는 것은 전과 같지 않으리라."

이 문장은 조선 정조 시대 문장가 유한준의 명언입니다. 전 문화재청장 유홍준 교수님이 『나의 문화유산답사기』에서 소개하여 유명해진 글귀이기도 하지요. 배경지식의 중요성을 늘 강조하는 제가 자주 인용하는 말입니다.

아는 만큼 보이기 때문일까요? 역사는 배경지식이 있는 아이들은 무척 재미있어하는 반면, 그렇지 않은 아이들은 너무나 어려워하는 과목입니다. 학교 현장에서 여러 과목을 가르치다 보면 학생 사이에 실력 편차가 가장 큰 과목은 영어인데, 영어만큼이나 편차가 확연한 과목이 바로 역사입니다. 안타깝게도 역사를 무겁고 어려운 과목으로 인식하는 경우가 많습니다.

그 이유는 초등학교 교과서에서 역사를 너무 간결하게 가르치고 있기 때문일 것입니다. 초등 교육 과정에서는 선사 시대부터 현대까지의 긴 역사를 간략하게 개괄적으로 다루고 있습니다. 그러다 보니 아이들 입장에서는 사건과 사건 사이, 시대와 시대 사이의 개연성이 떨어져 배경지식 없이는 흐름을 이해하기 어려운 것이지요.

다행히 역사는 과목의 특성상 중학교, 고등학교에 올라가도 다시 선사 시대부터 현대까지를 반복해서 배웁니다. 물론 다루는 내용은 점점 더 깊고 복잡해지지요. 그렇기에 초등학교에서 역사의 흐름을 제대로 이해하고 가면 중고등학교 공부에도 큰 도움이 됩니다.

무엇보다 알면 알수록 재미있는 것이 역사인데, 역사를 재미없게 느끼고 힘들어하는 아이들에게 역사의 재미를 알려 주고 싶었습니다. 그래서 교과서 속 역사와 역사 사이의 빈 공간을 메우고 전체적인 흐름을 한눈에 알 수 있는 책을 썼습니다.

각 시대별로 놓치지 말아야 할 사건과 인물을 꼼꼼히 담고, 간단한 문제를 함께 구성해 기초 지식을 다질 수 있도록 했습니다. 아이들이 재미있는 옛날이야기를 듣듯 읽을 수 있도록 흥미로운 사건들과 유명한 설화들을 포함하였고, 사진 자료도 많이 담으려고 노력했습니다.

『오늘부터 초등 역사왕』을 읽는 어린이 독자들이 역사가 어렵고 지루한 공부가 아닌 흥미진진한 이야기임을 깨닫기를 바랍니다. 그리고 역사를 통해 우리 조상들의 지혜와 용기를 배우고, 교훈을 얻었으면 좋겠습니다. 역사를 좋아하게 되고 우리나라를 사랑하는 마음까지 기를 수 있다면 더할 나위 없겠습니다.

어린이 독자 여러분! 이 책을 통해 우리 역사의 큰 흐름을 이해하고, 자신감 뿜뿜! 역사왕으로 거듭나길 기대하겠습니다.

2025년 여름,
자몽쌤 최선민

1장
선사 시대 ~ 삼국 시대

- 먼 옛날, 한반도에 돌을 깎아 도구를 만들고 사냥을 하는 사람들이 등장했어요. 그들은 농사를 짓기 시작했고, 마을을 이루어 살았어요. 그리고 단군왕검은 우리 역사상 첫 번째 나라인 고조선을 세웠지요.

- 시간이 흐르며 한반도에는 세 개의 큰 나라가 생겨났어요. 바로 고구려, 백제, 신라예요. 고구려는 넓은 땅을 가진 용감한 나라였고, 백제는 문화가 발달한 똑똑한 나라였으며, 신라는 끝까지 포기하지 않는 끈기 있는 나라였어요. 각각의 나라는 그들만의 독특한 문화를 만들어 냈어요. 고구려의 광개토 대왕, 백제의 근초고왕, 신라의 진흥왕 같은 위대한 왕들도 활약했답니다. 세 나라는 때로는 싸우고 때로는 협력하며 우리 민족의 기초를 다졌어요. 세 나라의 엎치락뒤치락 뜨거운 경쟁과 발전을 함께 살펴볼까요?

농사가 시작된 신석기 시대

　지금으로부터 약 1만 년 전 신석기 시대에는 **빙하기**가 끝나 살기 좋은 기후가 계속되었어요. 이전까지 사람들은 사냥을 하거나 먹을 것을 찾아 이동하며 살았는데, 우연히 땅에 씨앗을 심으면 열매가 맺힌다는 사실을 발견했어요. 그때부터 사람들이 농사를 지으며 한곳에 모여 살기 시작했어요. 주로 물을 구하기 쉬운 강가나 **해안가**가 신석기인들의 주요 정착지가 되었지요.

　신석기 시대에 들어 사람들이 모여 살면서 구석기 시대와는 다른 생활 방식이 발전하게 되었어요. 땅을 파서 기둥을 세우고 원형으로 만든 **움집**을 지어 살기 시작했고, 강가나 해안가에 모여 물고기나 조개를 잡아먹는 사람들이 늘어났어요. 뼈바늘을 이용해 천이나 동물 가죽을 꿰어 옷을 만들어 입으며 멋을 내는 사람들도 많아졌지요. 또 구석기 시대까지는 주로 돌을 떼어 만든 뗀석기를 사용했는데, 신석기 시대에 접어들면서 돌을 갈아서 만든 간석기가 널리 쓰였어요. 농사가 시작되면서 곡식을 **수확**하는 데 사용하는 돌낫, 곡식을 빻을 맷돌 등 다양한 도구들이 발명되었어요. 신석기 시대의 유물을 살펴보면 뗀석기보다 정교한 간석기 도구들이 많아졌고, 농사가 시작되었다는 것을 알 수 있어요. 농사를 지으면서 먹을 것이 늘어나자 음식을 저장할 수 있는 토기를 만들어 쓰기 시작했고, 더 이상 식량을 찾아 돌아다닐 필요가 없어지면서 **정착 생활**을 하게 되었어요. 개나 양 같은 짐승을 길들여서 목축을 하기 시작한 것도 바로 신석기 시대예요.

- **빙하기:** 지구의 기온이 매우 낮아 빙하가 넓게 덮였던 시기.
- **해안가:** 바닷물과 땅이 서로 닿은 곳이나 그 근처.
- **움집:** 움을 파고 지은 집.
- **수확:** 익은 농작물을 거두어들임.
- **정착 생활:** 일정한 곳에 자리를 잡고 머물러 사는 생활.

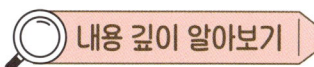 내용 깊이 알아보기

1. 신석기 시대에는 사람들이 어떻게 생활했나요?

___

2. 신석기 시대는 구석기 시대에 비해 어떻게 달라졌나요?

구석기 시대		신석기 시대
동물 뼈, 뗀석기 사용.	도구	ㄱㅅㄱ 사용, 농작물을 담아 토기 사용.
동물 털가죽을 그대로 걸침.	의(옷)	ㅃㅂㄴ을 이용해 천이나 동물의 가죽을 꿰어 입음.
동물을 사냥하여 잡아먹고 열매를 따 먹음.	식(먹을거리)	ㄱㅅ을 땅에 심는 ㄴㅅ를 시작함.
이동 생활을 하며 움막, 동굴에서 생활함.	주(집)	강가나 해안가에 정착해 ㅇㅈ을 지어 생활함.

3. 구석기 시대 사람과 현대의 삶을 비교하면 누가 더 행복할까요? 나의 생각을 글로 써 보세요.

___

___

___

한 줄 정리

신석기 시대에는 돌을 갈아서 도구를 만들었고, 농사를 지으며 정착 생활을 했다.

여기서 잠깐, 상식 노트

현재 우리가 쓰는 연도는 예수님의 탄생을 기준으로 한다. 따라서 기원전(B.C.)은 Before Christ, 즉 '예수 이전'이라는 뜻이다. 예를 들어 기원전 5000년이라고 한다면 예수님 이전 5000년 전 + 현재 약 2000년을 더한 7000년 전을 말한다.

정답 1. 돌을 갈아서 만든 간석기 사용, 정착 생활을 하며 농사를 지음.
2. 간석기, 뼈바늘, 곡식, 농사, 움집

배경지식 더하기

선사 시대

📜 선사 시대는 역사 시대보다 앞선 시대, 문자 기록이 남아 있지 않아서 유적과 유물로 추측하는 시대를 말한다. 역사 시대는 문자 기록이 있는 시대를 말한다.

◆ 선사 시대 생활 모습

📜 구석기 시대는 지금으로부터 약 70만 년 전으로, 사람들이 수렵이나 채집으로 음식을 섭취하던 시기였다. 동굴이나 바위 그늘 아래를 집 삼아 살았고, 동물의 가죽이나 풀잎으로 옷을 대신 했다. 구석기 시대는 손에 쥐고 사용하기 좋은 크기의 주먹 도끼를 사용했고, 돌을 떼어 내 사용하는 뗀석기를 사용하던 시기였다.

◆ 주먹 도끼 ⓒ국립중앙박물관

👉 신석기 시대는 지금으로부터 약 1만 년 전으로, 빙하기가 끝나 사람들이 살기 좋은 시기였다. 이때부터 사람들은 농사를 짓기 시작하며 한곳에 정착해서 살았다. 여전히 석기를 사용했지만 돌을 좀 더 정교하게 갈아서 만든 간석기를 사용했다.

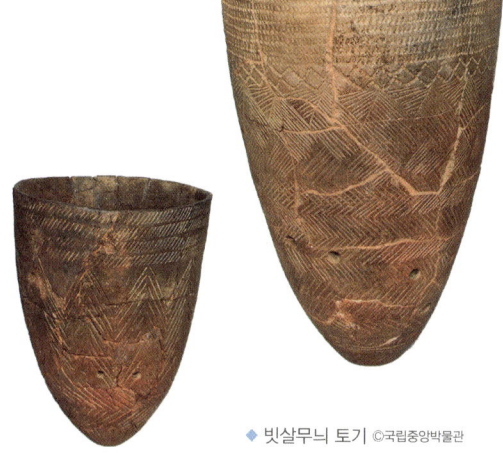

◆ 빗살무늬 토기 ⓒ국립중앙박물관

◆ 움집

👉 청동기 시대는 우리나라의 첫 국가인 고조선이 세워졌던 시기로, 기원전 약 2300년을 말한다. 청동기 시대부터는 벼농사를 시작했고 사람들이 마을을 이루어 살면서 제사를 지내고 계급과 군대가 생겨났다.

큰 돌을 사용한 무덤, 고인돌

청동기 시대에 들어서면서 큰 돌을 사용한 새로운 **장례** 문화가 생겨났어요. 바로 땅을 파고 받침돌을 세운 후, 그 위에 커다란 돌을 얹어 놓는 '고인돌' 방식이에요. 고인돌은 '돌을 **괴어** 놓았다'라는 뜻인데, 이는 당시의 뛰어난 건축 기술을 보여 주는 중요한 **문화유산**이에요.

하지만 모든 사람의 장례에 고인돌을 세운 것은 아니었어요. 돌의 어마어마한 무게 때문에 많은 인력을 동원할 수 있는 힘이 센 **지배자**만이 고인돌을 세울 수 있었거든요. 예를 들어 우리나라의 고인돌 중에서 가장 큰 덮개돌의 무게는 280톤이나 돼요. 1톤을 움직이려면 성인 남자 10명이 필요하니 280톤의 덮개돌을 이동시키려면 2800명의 성인 남자가 필요하다는 뜻이지요. 따라서 그 정도의 인원을 동원할 수 있는 사람은 당시 사회에서 강력한 권력과 영향력을 가진 지배자였을 가능성이 높아요.

고인돌 문화는 전 세계적으로 퍼져 있지만 우리나라에서 특히 더 많이 발견되고 있어요. 한반도에는 고인돌이 약 4만여 개 정도이며, 이 수치는 전 세계 고인돌의 약 50퍼센트에 해당해요. 우리나라 고인돌은 주로 서해안 지방에 **분포**되어 있는데, 그중에서도 전북 고창, 전남 화순, 인천 강화도의 고인돌 유적이 특히 유명해요. 우리나라의 고인돌 유적은 역사적 가치를 인정받아 2000년 12월, 유네스코 세계 문화유산으로 등록되었어요.

- **장례:** 돌아가신 분의 시신을 매장하거나 화장하는 의식.
- **괴다:** 무엇을 받치거나 높이 올리기 위해 밑에 다른 물건을 받쳐 놓다.
- **문화유산:** 조상들이 남긴 가치 있는 문화적 자산이나 유적.
- **지배자:** 다른 사람들을 다스리거나 통치하는 사람.
- **분포:** 일정한 지역이나 범위에 걸쳐 퍼져 있는 상태.

1. 알맞은 내용에 O표 하세요.

- 청동기 시대 사람들은 고인돌 방식으로 장례를 치렀다. (   )
- 고인돌 문화는 전 세계적으로 퍼져 있다. (   )
- 우리나라에서는 고인돌을 찾아보기 힘들다. (   )

2. 고인돌을 계급 사회의 근거로 여기는 이유는 무엇인가요?

_____

_____

3. 옛날 사람들은 왜 무겁고 큰 돌로 무덤을 만들었을까요? 나의 생각을 써 보세요.

_____

_____

_____

한 줄 정리

고인돌은 청동기 시대의 유물이며 아주 무거운 돌을 사용했던 것으로 볼 때, 지배자의 무덤이었을 것으로 여겨진다.

여기서 잠깐, 상식 노트

고인돌은 크게 탁자식, 바둑판식, 개석식 세 종류로 나뉜다. 탁자식은 받침돌 위에 덮개돌을 올린 형태이고, 바둑판식은 땅을 파고 그 안에 받침돌을 세운 후 덮개돌을 올린 형태이다. 개석식은 받침돌 없이 큰 덮개돌만 땅 위에 놓인 가장 간단한 구조이다.

배경지식 더하기

계급 사회의 시작

☞ 신석기 시대까지만 해도 식량이 부족했고 평등 사회였다. 하지만 청동기 시대부터 농업의 발달로 벼농사가 본격화되면서 잉여 생산물이 생겨났고, 식량을 더 많이 가진 부족과 그렇지 못한 부족들이 나뉘었다. 비옥한 땅을 차지한 부족들은 더욱 풍족해졌고, 좋은 땅을 차지하기 위한 부족 간의 전쟁이 일어났다. 전쟁에서 이긴 부족이 지배자, 패배한 부족은 피지배자가 되면서 계급 사회가 시작되었다.

◆ 고인돌 제작 방법

1. 땅을 파고 받침대 세우기

2. 받침돌 주변에 흙을 쌓아 경사지게 하기

3. 통나무를 이용해 덮개돌을 끌어올리기

4. 덮개돌을 얹은 다음 흙을 치우기

👉 청동기 시대에 계급 사회가 시작되었다는 것은 청동 거울, 방울 모양의 청동기 등의 청동기 유적을 통해서도 알 수 있다. 당시 청동기는 워낙 귀해 지배층의 장신구로 사용되었다.

◆ 청동 거울　　　　　　　　　　◆ 검파형 청동기

ⓒ국립중앙박물관

👉 한편 여러 나라에서 고인돌처럼 큰 돌을 세우는 거석문화를 찾아볼 수 있다. 대표적인 거석문화로는 영국의 스톤헨지, 이스터섬의 모아이 석상이 있다.

◆ 영국의 스톤헨지

◆ 이스터섬 모아이 석상

고조선 건국 이야기

　계급 사회가 발달하면서 전 세계 곳곳에서 국가의 형태가 생겨나기 시작했어요. 우리나라에도 기원전 2333년, 최초의 국가가 세워졌는데 바로 단군왕검이 평양성에 **도읍**을 정하고 세운 고조선이에요. 고조선이 어떻게 세워졌는지 정확한 역사 기록은 남아 있지 않지만, 건국 **설화**는 고려 시대 승려 일연이 쓴 『삼국유사』에 기록되어 있어요.

　『삼국유사』에 따르면 환인은 하늘을 다스리는 신이었어요. 그의 아들 환웅이 땅에 내려가서 사람들을 다스리고 싶어 하자, 환인은 환웅을 땅으로 보내며 풍백, 우사, 운사라는 신하들도 함께 보내 주었어요. 환웅은 태백산 꼭대기의 신단수 아래로 내려와서 인간 세상을 다스렸어요. 그러던 어느 날 환웅에게 호랑이와 곰이 찾아와 사람이 되게 해 달라고 빌었어요. 환웅은 쑥과 마늘만 먹으면서 100일 동안 동굴에서 참으면 사람이 될 수 있다고 했어요. 호랑이는 참지 못하고 포기했지만, 곰은 100일을 잘 참아 여자 사람 '웅녀'가 되었어요.

　웅녀는 사람이 된 후에는 아이를 갖고 싶었어요. 그래서 **신단수** 아래에서 아이를 낳게 해 달라고 매일 기도했어요. 그 모습을 본 환웅은 웅녀와 결혼하여 아들을 낳았는데, 그 아들이 바로 한반도 최초의 나라를 세운 단군왕검이에요. 단군왕검은 널리 인간을 이롭게 한다는 **홍익인간**의 정신으로 나라를 세웠고, '팔조법'이라는 여덟 개의 행위를 금지하는 법을 만들어 백성을 지혜롭게 다스렸어요.

- **도읍:** 나라의 중심이 되는 큰 도시.
- **설화:** 옛날부터 전해 내려오는 이야기.
- **신단수:** 환웅이 처음 내려온 곳에 있었다고 전해지는 신성한 나무.
- **홍익인간:** 널리 인간을 이롭게 한다는 뜻.

🔍 내용 깊이 알아보기

1. 우리나라 최초의 국가, 고조선의 건국 이념인 '홍익인간'은 무슨 뜻인가요?

_____

2. 환웅은 곰과 호랑이에게 사람이 되려면 무엇을 하라고 했나요?

_____

3. 고조선의 팔조법을 통해 알 수 있는 내용을 바르게 연결해 보세요.

1) 사람을 죽인 자는 사형에 처한다. •   • ⓐ 평민과 노비 등으로 신분이 나뉘어 있었다.

2) 남을 다치게 한 자는 곡식으로 갚는다. •   • ⓑ 사람의 생명을 소중하게 생각하는 사회였다.

3) 도둑질한 자는 노비로 삼고 용서를 받으려면 돈을 내야 한다. •   • ⓒ 곡식을 돈처럼 여겼고 농사를 짓는 사회였다.

한 줄 정리

고조선은 **단군왕검**이 세운 우리나라 최초의 국가로 **홍익인간** 정신으로 나라를 세우고 백성을 **다스렸다**.

여기서 잠깐, 상식 노트

한반도에서는 청동기 시대에 최초의 국가가 생겼는데, 그 이름이 바로 고조선이었다. 고조선의 이름은 원래 '조선'이었는데, 나중에 이성계가 세운 조선과 구분하기 위해 앞에 '옛 고(古)' 자를 붙여 '고조선'이라고 부르게 되었다.

정답: 1. 널리 인간을 이롭게 한다는 뜻. 2. 동굴에서 100일 동안 쑥과 마늘만 먹으면서 지내라고 했다. 3. 1) ⓑ, 2) ⓒ, 3) ⓐ

배경지식 더하기

고조선의 유물

고조선의 문화 범위는 고조선의 대표적인 유물이 발견된 지역을 보면 알 수 있다. 비파형 동검, 탁자식 고인돌, 미송리식 토기의 분포 범위를 보면 고조선의 세력이 한반도 북부에서 요동 지방까지 미쳤다는 것을 알 수 있다. 이러한 유물들은 고조선만의 독특한 문화적 특징을 보여 준다.

◆ 비파형 동검　　　　　◆ 미송리식 토기

ⓒ국립중앙박물관

☞ 고조선의 건국 설화를 자세히 살펴보면 당시 사회의 모습을 짐작할 수 있다. 환인과 환웅은 하늘을 믿는 부족이었고, 환인의 신하들이 바람(풍백), 비(우사), 구름(운사)을 다스렸다는 점에서 농사를 매우 중요하게 여기는 농경 사회였다는 것을 알 수 있다. 또한 웅녀의 이야기를 통해 곰을 섬기는 부족이 호랑이를 섬기는 부족과의 경쟁에서 이겼다는 것도 추측할 수 있다.

◆ 농경문 청동기: 청동기 사람들이 농사와 관련된 제사를 지낼 때 사용하던 도구로, 청동기 시대의 농경 생활을 구체적으로 보여주는 귀중한 유물

ⓒ국립중앙박물관

☞ 고조선의 팔조법을 통해서는 고조선이 엄격한 법을 통해 사회 질서를 유지했던 나라라는 것을 알 수 있다. 고조선의 팔조법은 현재 세 개 조항만 내용이 알려져 있다.

고조선의 팔조법
사람을 죽인 자는 사형에 처한다.
남을 다치게 한 자는 곡식으로 갚는다.
도둑질한 자는 노비로 삼고 용서를 받으려면 돈을 내야 한다.

주몽의 탄생 설화

　주몽은 뛰어난 활 솜씨로 새로운 나라 고구려를 **건국**한 왕이에요. 주몽에게는 신기한 탄생 설화가 전해지고 있는데 그 이야기는 해부루의 이야기까지 거슬러 올라가요.

　부여 왕 해부루는 나이가 많이 들 때까지 아들이 없어서, 아들을 갖게 해 달라고 산과 강에 매일같이 정성껏 빌었어요. 그러던 어느 날 해부루의 말이 큰 돌을 보고 눈물을 흘렸어요. 이상하게 여긴 해부루가 돌을 치워 보니, 거기에 금빛 개구리처럼 생긴 아기가 있었어요. 해부루는 하늘이 자신에게 보내 준 선물이라 생각하고 아기를 데려와 '금와'라는 이름을 지어 주었어요. 금와는 자라서 다음 왕이 될 **태자**가 되었고, 나중에는 동부여의 왕이 되었어요.

　왕이 된 금와는 어느 날 강가에서 슬피 울고 있는 아름다운 여인을 만났어요. 여인은 자신이 '강의 신 하백의 딸 유화'라고 말했어요. 유화는 '하늘의 신 천제의 아들' 해모수와 사랑에 빠져 결혼했는데, 부모님의 **승낙**을 받지 않았다는 이유로 쫓겨났다고 했어요. 불쌍한 마음이 든 금와왕은 유화를 궁으로 데려왔어요.

　그런데 신기하게도 궁에 들어온 유화에게는 항상 따뜻한 햇빛이 비쳤어요. 얼마 뒤 유화는 임신을 했고, 아기 대신 큰 알을 낳았어요. 놀란 금와왕이 알을 버렸지만, 이상하게도 동물들이 그 알을 피해 다녔고 아무리 깨려고 해도 깨지지 않았어요. 결국 금와왕은 알을 유화에게 돌려주었고, 유화가 알을 따뜻하게 품자 얼마 후 알에서 튼튼한 사내아이가 태어났어요. 이 아이가 바로 주몽이에요.

- **건국:** 나라를 세움.
- **태자:** 임금의 맏아들이자 다음 왕위를 이을 사람.
- **승낙:** 어떤 요청이나 제안을 허락함.

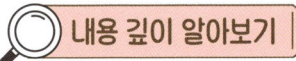 **내용 깊이 알아보기**

1. 주몽의 아버지와 어머니는 누구인가요?

- 아버지: (　　　　　　　)의 아들 (　　　　　　　　)
- 어머니: (　　　　　　　)의 딸 (　　　　　　　　)

2. 태몽은 아이를 가지기 전에 꾸는 꿈을 말해요. 나의 태몽은 무엇이었는지 알아보세요.

한 줄 정리

활 솜씨가 뛰어났던 **주몽**은 알에서 태어났고, **고구려의 왕이 되었다.**

여기서 잠깐, 상식 노트

역사를 살펴보면 알에서 태어난 왕들이 종종 등장한다. 금관가야를 세운 김수로왕, 신라의 첫 왕 박혁거세도 알에서 태어났다고 알려져 있다. 우리나라 역사에서뿐만 아니라 로마를 건국한 로물루스와 레무스도 늑대의 젖을 먹고 자랐다는 설화가 있다. 이처럼 나라를 건국한 왕에게 특별한 탄생 설화가 있는 이유는 백성들에게 왕의 권위를 세우고 자부심을 느끼게 하기 위해서이다.

배경지식 더하기

고구려와 백제의 건국

☞ 고조선이 중국 한나라의 공격으로 멸망한 후, 우리나라에는 부여, 고구려, 동예, 옥저, 삼한(마한, 변한, 진한) 등의 여러 나라가 세워졌다. 그중 부여는 북부여, 동부여, 졸본 부여 등으로 나뉜 연맹 왕국이었다.

◆ 부여, 고구려, 삼한 지도

◆ 고구려 무용총 벽화

☞ 동부여에서 태어난 주몽은 어릴 적부터 활쏘기를 무척 잘했으며 능력이 뛰어나다고 소문이 자자했다. 이를 시기한 부여의 왕자들, 특히 금와왕의 맏아들 대소 왕자는 왕위를 빼앗길까 두려워 주몽을 없애려 했다.

이 사실을 알게 된 주몽은 왕자들을 피해 졸본 부여로 도망쳤다. 주몽이 도망칠 때 배가 없어 강을 건너지 못하자 자라와 물고기들이 나타나 주몽 일행에게 다리를 놓아 주었다는 설화가 전해지고 있다.

졸본 부여에 도착한 주몽은 그곳의 공주 소서노를 만나게 되었다. 주몽은 소서노와 결혼하면서 연타발의 막강한 권력을 물려받았다. 이렇게 소서노의 도움으로 주몽은 스물두 살의 나이에 고구려를 세울 수 있었다. 주몽은 뛰어난 지도력을 바탕으로 부족들을 하나로 모으고 농업과 군사력을 강화하며 나라의 기틀을 다졌다. 소서노의 아들 비류와 온조는 훗날 고구려를 떠나 백제를 세웠다.

◆ 비류-미추홀, 온조-위례성 지도

고구려 광개토 대왕의 영토 확장

주몽이 세운 고구려는 넓은 땅을 차지하며 계속해서 발전했어요. 특히 제19대 왕인 광개토 대왕은 태자였을 때부터 많은 전쟁에 참여하며 **영토**를 넓히려는 꿈을 키워 나갔어요. 광개토 대왕은 왕이 되자마자 영토 확장을 위한 전쟁을 시작했어요. 먼저 백제를 공격해 임진강 지역의 땅을 **점령**했고, 북쪽으로는 중국의 요동과 만주 지역에 있는 후연을 공격해 옛 고조선의 땅을 되찾았어요. 고구려의 강력한 공격으로 후연은 크게 패했고, 고구려는 요동을 완전히 **장악**하고 만리장성 일대까지 차지했어요.

이 시기에 남쪽에서는 백제의 아신왕이 일본과 힘을 합쳐 신라를 공격했어요. 백제와 일본 연합군의 공격으로 신라의 수도가 **함락**될 위기에 처했을 때, 신라는 고구려에 도움을 요청했어요. 고구려는 군대를 보내 연합군을 물리치고 신라를 구해 주었어요. 대신 신라는 고구려에 예물을 바치고 고구려의 지배를 받는 나라가 되기로 했어요. 전쟁에서 진 백제의 아신왕도 고구려에 항복하면서 고구려를 섬기겠다고 **맹세**했어요. 이렇게 광개토 대왕은 남쪽으로 백제와 신라까지 지배하며 한반도 전체에 큰 영향력을 미쳤어요. 광개토 대왕과 그의 아들 장수왕 시절, 우리는 민족 역사상 가장 넓은 땅을 다스렸어요. 당시 중국에서 가장 강한 나라 중 하나였던 북위도 고구려를 함부로 건드리지 못했어요.

- **영토:** 한 나라가 다스리는 땅의 범위.
- **점령:** 어떤 지역을 힘으로 차지하고 지배하는 것.
- **장악:** 완전히 자기 힘 아래 두고 다스리는 것.
- **함락:** 적에게 포위되어 무너지거나 빼앗기는 것.
- **맹세:** 어떤 일을 반드시 하겠다고 굳게 약속하는 것.

내용 깊이 알아보기

1. 신라가 고구려에 도움을 요청한 까닭과 결과를 정리해 보세요.

- 까닭: _____

- 결과: _____

2. 광개토 대왕의 업적을 써 보세요.

_____
_____
_____

한 줄 정리

==광개토 대왕==은 북쪽으로는 옛 고조선의 영토를 되찾았고, 남쪽으로는 ==신라==를 도와주며 한반도 전체에 큰 영향력을 미쳤다.

여기서 잠깐, 상식 노트

고구려는 졸본에서 국내성, 평양성으로 수도를 옮기며 점차 영토를 넓혀 나갔다. 백제는 한강 유역에서 공주로, 다시 부여로 수도를 옮겼으며 신라는 처음부터 끝까지 경주를 수도로 유지하였다.

정답: 1. 까닭: 백제와 가야연합이 왜군과 함께 신라를 공격했고, 수군이 혼란스러워 위기였기 때문에. 결과: 고구려의 도움으로 왜군을 물리치고 고구려의 정치적으로 신라를 지배하게 됨.
2. 옛 고조선 지역인 요동을 차지해 영토를 크게 넓혔으며 남쪽으로는 신라를 도와 왜군을 물리쳤다.

광개토 대왕과 장수왕

고구려의 소수림왕은 불교를 공인하여 백성들의 마음을 하나로 모았고, 대학교인 태학을 설립했다. 또한 율령(법)을 반포하여 국가의 기틀을 다졌다. 이후 소수림왕이 아들 없이 죽자 그의 동생 고국양왕이 즉위했다. 고국양왕에게는 담덕이라는 아들이 있었는데, 이 담덕이 훗날의 광개토 대왕이다. 소수림왕 덕분에 나라 안이 안정되어 있었기 때문에 광개토 대왕은 나라 밖으로 영토를 넓히는 데 집중할 수 있었다. 이후 광개토 대왕의 아들 장수왕은 도읍을 평양으로 옮기고 한반도 남쪽으로 세력을 뻗어 나갔다.

◆ 광개토 대왕 시대 고구려 지도

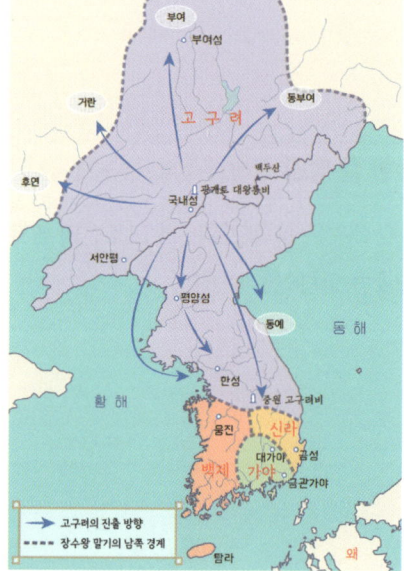

◆ 장수왕 시대 고구려 지도

◆ 중원 고구려비(충주 고구려비)
고구려가 백제를 공략한 것을 기념해 세운 비석.

◆ 광개토왕릉비
광개토 대왕의 업적을 기록한 비석.

ⓒ국가유산포털

왕이 바뀌는 시기에는 정치적으로 혼란하여 국가가 위기에 빠지는 경우가 많은데 장수왕은 무려 100세 가까이 장수한 덕분에 고구려는 안정적으로 전성기를 누릴 수 있었다.

왕 (재위 기간)	주요 업적
소수림왕 (371년~384년)	불교 공인, 태학 설립, 율령 반포
광개토 대왕 (391년~413년)	영토 확장, 요동 지역 장악
장수왕 (413년~491년)	평양 천도, 백제와 신라 정벌

백제 무왕과 선화 공주 이야기

서동요
선화 공주님은
남몰래 결혼을 하고
맛둥 서방을
밤에 몰래 안고 간대요

◆「서동요」는 『삼국유사』를 통해 전해지는 4구체 향가이다.

신라 시대에 아이들 사이에서 선화 공주님이 맛둥 서방과 몰래 결혼을 했다는 **가사**의 노래가 유행했어요. 맛둥 서방이란 **마**를 캐는 남자를 부르는 말로, 백제 출신의 서동을 뜻하는 말이었어요. 서동은 백제 사람으로 어릴 적부터 어머니와 함께 시장에 마를 캐다 팔며 살았어요. 어려서부터 **재주**가 뛰어나고 똑똑하기로 소문나 있었어요.

서동이 신라 진평왕의 셋째 딸 선화 공주가 아름답다는 소식을 듣고는 꾀를 내었어요. 아이들에게 마를 나누어 주면서 노래를 가르쳐 주고 부르게 한 것이었어요. 선화 공주의 아버지인 진평왕은 아직 결혼을 하지 않은 딸이 남몰래 결혼을 했다는 **해괴한** 소문이 돌자 화가 나 선화 공주를 궁에서 쫓아냈어요. 서동은 궁궐에서 쫓겨난 선화 공주를 기다렸다가 함께 백제로 돌아갔어요. 오갈 데 없어진 선화 공주가 서동과 정말 결혼을 하게 된 것이지요. 선화 공주와 결혼한 서동은 **훗날** 백제의 무왕이 되었어요.

- **가사:** 노래의 내용이 되는 글자나 문장.
- **마:** 땅속에서 자라는 덩이줄기 식물로 먹을 수 있는 뿌리채소.
- **재주:** 타고난 능력이나 특별한 기술.
- **해괴한:** 이상하고 기이한, 상식에서 벗어난 것.
- **훗날:** 앞으로 올 어느 날, 미래의 어느 시점.

🔍 내용 깊이 알아보기

1. 맛둥 서방이 의미하는 것은 무엇인가요?

_____

2. 서동과 선화 공주는 각자 어느 나라 출신인가요?

- 서동: (   )

- 선화 공주 : (   )

3. 다음 중 서동요의 내용과 일치하는 것 무엇인가요?

① 선화 공주가 서동을 몰래 만났다.   ② 선화 공주가 서동과 결혼했다.

③ 선화 공주가 서동을 싫어했다.   ④ 선화 공주가 진평왕에게 서동을 소개했다.

📒 한 줄 정리

백제의 서동이 신라 진평왕의 딸 선화 공주와의 소문을 노래로 만들었고, 궁에서 쫓겨난 공주와 결혼한 서동은 훗날 백제의 무왕이 되었다.

✏️ 여기서 잠깐, 상식 노트

2009년, 미륵사지 석탑에서 나온 금판에서는 무왕의 부인이 백제 귀족의 딸이라는 기록이 발견되었다. 이러한 이유로 서동과 선화 공주의 결혼은 허구라는 주장이 있다. 한편 당시 왕들은 정치적 목적으로 여러 번 결혼하는 경우가 많았기 때문에 무왕의 부인이 여러 명이었을 거라는 추측도 있다.

정답: 1. 마를 캐는 남자 2. 백제, 신라 3. ②

배경지식 더하기

백제 문화와 백제의 멸망

☞ 백제는 예술과 문화가 매우 발달한 나라였다. 백제의 화려하면서도 세련된 도자기와 아름다운 물건들은 일본에도 많은 영향을 주었다.

◆ 금동 대향로

☞ 백제의 대표적인 문화유산은 '무령왕릉'이다. 무령왕릉은 1971년에 발견된 백제 왕의 무덤으로, 무덤 안에서 금으로 만든 관과 왕관, 귀걸이, 목걸이 등 화려한 장신구들이 출토되었다. 이 유물들은 백제가 중국, 일본 등과 교류했다는 사실과 백제 사람들의 뛰어난 금속 공예 기술을 보여 준다.

◆ 무령왕릉

◆ 무령왕릉 내부

©국가유산포털

☞ 백제는 건축과 불교 예술에서도 두각을 보였다. 백제의 불교 유적은 백제인들의 예술적 감각을 잘 보여 준다. 특히 익산 미륵사지 석탑은 백제의 절 중 가장 컸다는 미륵사 터에 남아 있는 석탑으로 우리나라에서 가장 큰 석탑이다.

◆ 익산 미륵사지 석탑

◆ 서산 마애 삼존불상

ⓒ국가유산포털

☞ 백제 무왕은 안으로는 백제를 안정시키려고 노력했고, 밖으로는 고구려를 견제하고 신라를 공격하며 나라를 지키려고 노력하였다. 하지만 백제는 무왕의 아들인 의자왕에 이르러 나당 연합군에 의해 멸망한다.

철의 왕국, 가야

　삼국 시대는 흔히 고구려, 백제, 신라로 알려져 있어요. 하지만 낙동강 유역에 작은 나라들이 모인 가야 연맹도 있었어요. 가야는 금관가야, 대가야, 아라가야, 소가야, 고령가야, 성산가야 총 여섯 개의 나라로 이루어진 **연맹 국가**였어요. 고구려, 백제, 신라와 달리 통일 국가로 성장하지는 못하고 연맹의 형태를 띠었지만 경제는 물론 문화적으로 매우 발달한 나라였지요. 특히 철을 **수출**하며 여러 나라와 활발하게 **교역**했던 수출 강국이었어요.

　가야는 낙동강 하류 지역의 기름진 땅을 바탕으로 벼농사가 발달했고, 품질 좋은 철을 생산하는 기술이 있었어요. 가야에서 만든 농기구, 칼, 창은 물론이고 철갑옷과 철갑 투구는 당시 최고의 **명품**이었어요. 그래서 철을 중국과 일본에 수출하면서 많은 이익을 얻었어요. 가야의 철기는 물론이고 정교하고 아름다운 토기의 **수요**가 늘어나자, 아예 일본에서는 가야의 철제품 만드는 기술과 토기 만드는 기술을 배우려고 했어요. 제품을 넘어 기술까지 수출을 한 것이지요.

　가야는 문화 예술의 수준도 높았어요. 가야금이라는 가야의 악기는 현재까지도 우리의 전통 악기로 전해 내려오고 있어요. 하지만 가야는 통일 국가로 발전하지 못해 힘이 약했고, 결국 신라의 공격으로 **멸망**했어요.

- **연맹 국가:** 여러 나라들이 하나의 나라를 중심으로 연맹체를 이룬 국가.
- **수출:** 물건을 외국에 파는 것.
- **교역:** 나라 간 물건 사고파는 것.
- **명품:** 품질 좋은 고급 상품.
- **수요:** 물건이나 서비스를 원하는 것.
- **멸망:** 나라나 집단이 완전히 없어짐.

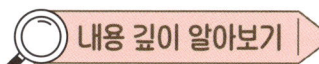 **내용 깊이 알아보기**

1. 가야 연맹 6개국의 이름을 써 보세요.

(   ) (   ) (   )

(   ) (   ) (   )

2. 가야에서 가장 유명했던 것 두 가지는 무엇인가요?

....

....

3. 가야의 악기로 오늘날까지 우리나라의 전통 악기로 전해 내려오는 악기는 무엇인가요?

....

한 줄 정리

낙동강 유역의 <mark>가야</mark>는 총 여섯 개의 나라로 이루어진 연맹 국가로 품질 좋은 철과 아름다운 <mark>토기</mark>를 생산하는 나라였다.

여기서 잠깐, 상식 노트

가야는 남해안과 낙동강을 이용한 해상 교역로를 개척했다. 인도양을 거쳐 동남아시아의 향료와 보석을 수입하고, 중국에는 철제품을, 일본에는 토기와 철기 기술을 수출했다. 가야 고분에서 발견되는 로마 유리잔은 가야의 국제적인 교역 활동을 보여 주는 중요한 증거이다.

정답: 1. 금관가야, 대가야, 아라가야, 소가야, 고령가야, 성산가야, star가야 2. 철기, 토기 3. 가야금

배경지식 더하기

활발한 국제 무역을 했던, 가야

가야의 건국 신화는 김해 지역의 전설과 함께 『삼국유사』에 기록되어 있다. 이 기록에 따르면 낙동강 유역의 부족장들이 '거북아, 거북아, 머리를 내밀어라, 내밀지 않으면 구워 먹으리'라고 노래하며 춤을 추니 하늘에서 황금 상자가 내려온다. 상자 안에는 여섯 개의 황금 알이 있었는데, 그 알에서 여섯 명의 아이가 나와 나라를 세우고 임금이 되었다. 그 아이들이 세운 나라의 이름이 금관가야, 대가야, 아라가야, 소가야, 고령가야, 성산가야이다. 그중에서도 가장 큰 알에서 나온 인물은 김수로왕이었다.

◆ 가야 6개국 지도

◆ 토제 방울: 가야의 건국 신화가 새겨진 방울

ⓒ국가유산청

☞ 김수로왕의 왕비가 된 허황후에 관한 이야기도 흥미롭다. 허황후는 우리나라 사람이 아닌 인도 아유타국의 공주였다고 한다. 이는 당시 가야가 인도와 같은 먼 나라와도 해상 교역로를 통해 연결되어 있었음을 보여 준다. 가야는 바다와 가까운 지리적 위치 덕분에 일본, 중국 등 다양한 나라와 활발하게 교역했으며 가야의 토기와 철기는 품질이 매우 우수하여 많은 나라로 수출되었다.

◆ 가야 토기

◆ 가야금

◆ 가야 철기 투구

©국가유산포털

이차돈의 순교와 불교 공인

　삼국 시대 고구려, 백제, 신라는 모두 불교를 국가 종교인 **국교**로 **공인**하였어요. 불교를 국교로 공인한 이유는 백성들의 마음을 하나로 모아 나라를 발전시키고 외적의 침입에 나라를 지키려는 **호국**적인 성격이 강해요. 강한 국가로 발전하기 위해 종교를 통해 백성들을 단합시키려 한 것이지요.

　불교는 고구려에서는 소수림왕 2년(372년)에 공인되었고 백제는 12년 뒤인 침류왕 원년(384년)에 공인되었어요. 신라에서도 법흥왕 14년(527년)에 불교를 받아들이자는 논의가 있었어요. 하지만 많은 신하가 반대를 했어요. 그들 중에서 이차돈만 불교를 받아들여야 한다고 주장했어요. 법흥왕은 대신들이 모두 반대하는데 혼자 찬성하는 것은 부당하다며 이차돈의 **처형**을 명령했어요. 처형을 앞둔 이차돈은 "만일 부처님이 있다면 내가 죽은 뒤 반드시 **기이한** 일이 일어날 것이다."라는 말을 남기고 처형당했어요. 그런데 이차돈의 목을 베자 목에서 하얀 피가 나오고 하늘이 컴컴해지면서 하늘에서 아름다운 꽃이 떨어지며 땅이 진동하는 기이한 현상이 일어났어요. 이 현상을 본 대신들은 모두 놀라 불교를 받아들여야겠다고 생각했고, 법흥왕은 불교를 공인하기로 했어요. 불교는 신라에 법흥왕 훨씬 이전부터 알려졌으나, 공인을 받기까지 오랜 시간이 걸렸어요. 이차돈의 희생으로 신라에 불교가 자리를 잡게 된 것이지요.

- **국교:** 나라에서 공식적으로 인정하고 지원하는 종교.
- **공인:** 공식적으로 인정하거나 허락함.
- **호국:** 나라를 지키고 보호하려는 특성이나 성격.
- **처형:** 죄인을 법에 따라 죽이는 형벌.
- **기이한:** 보통과 다르게 특이하고 신기한 느낌.

🔍 내용 깊이 알아보기

1. 이차돈이 처형되자 어떤 일이 일어났나요?

_____

2. 삼국이 불교를 국교로 공인한 이유는 무엇인가요?

_____

3. 불교를 받아들인 삼국의 왕을 써 보세요.

- 고구려: (   )

- 백 제: (   )

- 신 라: (   )

한 줄 정리

삼국 시대에 고구려, 백제, 신라는 모두 국가 통합과 발전을 위해 **불교**를 국교로 받아들였고, 특히 신라에서는 **이차돈**의 희생을 통해 불교가 인정받게 되었다.

여기서 잠깐, 상식 노트

불교는 약 2500년 전 인도의 왕자 싯다르타(석가모니)가 깨달음을 얻어 부처가 된 후 생겨난 종교이다. 부처는 '깨달은 사람'이라는 뜻이다. 불교는 모든 생명이 소중하다고 가르치며, 착한 일을 하면 복을 받고 나쁜 일을 하면 벌을 받는다는 인과응보 사상을 중시한다. 또한 모든 사람이 노력하면 부처가 될 수 있다고 믿는다.

정답: 1. 목에서 흰 피가 치솟고 하늘에서 꽃이 떨어지고 땅이 진동했다. 2. 백성들의 마음을 하나로 모으기 위해서. 3. 소수림왕, 침류왕, 법흥왕

배경지식 더하기

신라 불교문화의 발전

👉 신라는 불교가 공인되기 전에 민간 신앙이 폭넓게 자리하고 있었다. 신라의 귀족들도 이러한 민간 신앙을 고수하며 불교 도입을 강력하게 반대했다고 전해진다. 『삼국유사』에 따르면 불교를 공인하고 싶었던 법흥왕이 귀족들의 반대 때문에 고민하자 이차돈이 자신의 목을 베어 왕의 위엄을 알리면 신하들이 반대하지 못할 것이라고 말했다고 한다. 그래서 법흥왕과 이차돈이 미리 상의를 하고 이차돈을 처형했다고 기록되어 있다. 이차돈이 순교했을 때 기적이 일어난 것은 후대 사람들이 꾸며 낸 이야기일 수도 있으나, 법흥왕이 불교를 공인하면서 신라가 독실한 불교 국가가 된 것은 역사적 사실이다.

◆ 이차돈의 순교비 ⓒ국립경주박물관

☞ 백성들이 믿는 신이 제각각 다를 때는 백성들의 마음을 한데 모으기 어려웠지만 불교를 국교로 공인하면서 백성들의 가치관이 비슷해졌고, 나라가 안정되는 계기가 되었다. 이를 기반으로 신라는 삼국을 통일하게 된다. 신라가 삼국을 통일한 후에는 백제, 고구려 출신 등 여러 백성의 마음을 하나로 모으기 위하여 이전보다 불교를 더욱 발전시켰다.

◆ 불국사

◆ 석굴암

◆ 장창곡 석조미륵여래 삼존상

ⓒ국립경주박물관

이사부 우산도 정벌

독도가 우리나라 땅인 근거는 우리나라 역사의 여러 시대에 걸쳐 알 수 있어요. 우리 역사에서 독도와 관련된 인물들을 살펴볼까요?

1. 이사부: 신라의 장군으로 수많은 전투에서 승리를 했어요. 우산국(울릉도)도 **정벌**했지요. 지증왕은 이사부를 슬라주(강릉 일대)의 **군주**로 임명하고 우산국 정복을 명령했어요. 우산국은 지금으로 말하면 울릉도와 독도를 말합니다. 지금으로부터 약 1500년 전, 이사부가 처음으로 울릉도와 독도를 우리나라 땅으로 **편입**시킨 것이지요.

2. 안용복: 조선 시대 어부 안용복은 일본 어부들이 불법으로 독도와 울릉도 근처에서 고기를 잡는 모습에 화가 났어요. 그래서 두 번이나 일본으로 건너가 일본인들에게 직접 **항의**했어요. 안용복의 항의 덕분에 '독도는 일본의 땅이 아니다.'라고 적힌 공식 문서, '돗토리번 답변서'가 남게 되었어요.

3. 고종: 조선 제26대 왕이자 대한민국 제1대 황제 고종은 1900년 10월 25일, '대한 제국 **칙령** 제41호'에서 독도를 울릉도의 **부속** 섬으로 **명시**했어요. 2010년부터는 10월 25일을 '독도의 날'로 제정해 기념하고 있어요.

- **정벌:** 다른 나라나 지역을 정복하거나 공격하는 군사 행동.
- **군주:** 한 나라나 지역의 최고 통치자 또는 지도자.
- **편입:** 어떤 대상을 다른 조직이나 영역에 포함시키는 것.
- **항의:** 잘못된 일에 대해 불만을 표시하거나 반대 의사를 밝히는 것.
- **칙령:** 황제나 왕이 내리는 공식적인 명령이나 법령.
- **부속:** 주된 것에 딸려 있거나 붙어 있는 것.
- **명시:** 분명하게 드러내어 보이거나 밝혀 적는 것.

🔍 내용 깊이 알아보기

1. 독도가 우리 땅인 역사적 근거들을 정리해 보세요.

- 신라 장군 ☐☐☐ 가 현재의 울릉도와 독도인 ☐☐☐ 을 정복했다는 기록이 남아 있다.
- 조선 시대 어부 ☐☐☐ 이 일본에게서 독도가 우리나라 땅이라는 공식 문서인 ☐☐☐ 답변서를 받아 냈다.

2. 독도의 날은 언제인가요? 왜 그날로 지정했는지 찾아 써 보세요.

_____

_____

_____

한 줄 정리

이사부 장군은 우산국을 정벌하여 울릉도와 독도를 우리나라 땅으로 편입시켰고, **안용복**은 일본에게서 독도가 우리나라 땅이라는 답변서를 받아 냈다.

여기서 잠깐, 상식 노트

우산국은 현재의 울릉도를 중심으로 한 작은 섬나라였다. 『삼국사기』에 따르면 우산국은 울릉도 본섬과 함께 주변의 작은 섬들을 포함한 영역이었다. 독도 역시 우산국 사람들이 어로 활동을 하며 생활했던 터전이었다.

정답: 1. 이사부, 우산국 / 안용복, 울릉의 (편집도)
2. 10월 25일. 고종이 대한 제국 칙령 제41호에서 독도를 울릉군의 부속 섬사로 명시한 날이기 때문이다.

배경지식 더하기

독도는 우리 땅!

📢 1982년에 만들어진 「독도는 우리 땅」이라는 노래는 박문영 씨가 작사, 작곡한 곡으로 우리 국민 대부분이 알고 있는 친숙한 노래이다. 노래 가사에는 독도에 대한 정보들이 담겨 있는데, 시대가 지나면서 독도에 대한 정보도 바뀌었다. 그래서 부모님 세대에 부르던 「독도는 우리 땅」과 요즘 아이들이 부르는 「독도는 우리 땅」이 다르다.

바뀌기 전	바뀐 후	바뀐 이유
울릉도 동남쪽 뱃길 따라 **이백 리** 외로운 섬 하나 새들의 고향 그 누가 아무리 자기네 땅이라고 우겨도 독도는 우리 땅.	울릉도 동남쪽 뱃길 따라 **87Km** 외로운 섬 하나 새들의 고향 그 누가 아무리 자기네 땅이라고 우겨도 독도는 우리 땅.	거리의 단위가 '리'에서 'Km'로 단위 변경.
경상북도 울릉군 울릉읍 독도리 동경 132 북위 37 평균 기온 **12**도 강수량은 **1300** 독도는 우리 땅.	경상북도 울릉군 울릉읍 독도리 동경 132 북위 37 평균 기온 **13**도 강수량은 **1800** 독도는 우리 땅.	지구 온난화로 인해 기온과 강수량이 높아져 12→13도, 1300→1800 변경.
오징어 꼴뚜기 대구 **명태 거북이 연어 알 물새 알 해녀 대합실 17**만 평방미터 우물 하나 분화구 독도는 우리 땅.	오징어 꼴뚜기 대구 **홍합 따개비 주민 등록 최종덕 이장 김성도 19**만 평방미터 **799에 805** 독도는 우리 땅.	• 해양 환경 변화로 바다 생물 교체. • 독도 1호 주민인 최종덕 씨와 이장님 이름을 넣어 우리 국민이 살고 있다는 걸 강조. • 정확한 독도의 실면적 표기를 위해 17만 → 19만 변경. • 독도 우편번호인 799-805 표기.

지증왕 13년 섬나라 우산국 세종실록지지리 **오십 쪽 셋째 줄** 하와이는 미국 땅에 대마도는 몰라도 독도는 우리 땅.	지증왕 13년 섬나라 우산국 세종실록지지리 **강원도 울진현** 하와이는 미국 땅 대마도는 조선 땅 독도는 우리 땅.	• 독도가 강원도 울진현에 포함되었던 명확한 역사적 사실 기록. • 대마도도 조선 시대 우리 땅이었음을 표기.
러일 전쟁 직후에 임자 없는 섬이라고 억지로 우기면 정말 곤란해 신라 장군 이사부 지하에서 웃는다 독도는 우리 땅.	러일 전쟁 직후에 임자 없는 섬이라고 억지로 우기면 정말 곤란해 신라 장군 이사부 지하에서 웃는다 독도는 우리 땅.	변동 없음.

◆ 촛대 바위: 독도에 있는 바위로, 모양이 촛대를 닮아 이름 붙여진 독도의 상징적인 자연 경관

우리나라 최초의 여왕, 선덕 여왕

　신라의 제27대 왕이었던 선덕 여왕은 우리나라 역사상 최초의 여성 **통치자**예요. 선덕 여왕은 진평왕의 맏딸로 태어났는데, 진평왕에게 아들이 없었기 때문에 632년에 왕위를 물려받게 되었어요. 선덕 여왕은 14년 동안 신라를 다스렸어요. 재위 기간 동안 불교문화를 크게 발전시켰는데, 그 대표적인 예가 분황사와 황룡사 구층 목탑이에요. 또 우리나라 최초의 **천문대**인 첨성대도 선덕 여왕 때 만들어졌어요.

　신라 시대에는 여성의 지위가 상당히 높았어요. 여자들도 재산을 가질 수 있었고, 자신의 성씨를 지킬 수 있었죠. 결혼 후에도 여자는 친정 가족들과 가깝게 지냈고, 제사도 지낼 수 있었어요. 심지어 군인 중에도 여성들이 있었다고 해요. 화랑도에 참여했다는 기록도 남아 있답니다. 특히 신라는 여성이 왕위를 **계승**할 수 있는 유일한 나라였어요. 신라에서는 진골 계급의 여성이라면 왕위 계승권이 있었어요. 선덕 여왕 외에도 진덕 여왕(제28대)과 진성 여왕(제51대)이 있었어요.

　반면 고구려와 백제는 여성의 왕위 계승을 허용하지 않았어요. 이는 군사력을 중시하는 사회 분위기와 관련이 있었어요. 전쟁이 잦았던 시기에 군사 **지휘관**의 역할도 해야 했기 때문이지요. 삼국 시대 이후 고려와 조선 시대에 들어서면서 여성의 지위는 점차 낮아졌어요. 유교는 남성을 중심으로 한 가부장제를 강조하며 여성은 아버지, 남편, 아들에게 순종해야 한다고 가르쳤기 때문이에요. 특히 조선 시대 유교 사상이 강해지면서 여성의 정치 참여가 제한되었어요.

- **통치자:** 나라나 영토를 다스리는 최고 권력을 가진 사람.
- **천문대:** 별과 우주를 관측하기 위해 만든 시설.
- **계승:** 이전 사람의 지위나 재산, 권리 등을 물려받는 것.
- **지휘관:** 군대나 조직에서 명령권을 가지고 부대나 집단을 이끄는 사람.

내용 깊이 알아보기

1. 신라 시대 여성의 지위가 높았다는 것을 알 수 있는 내용을 써 보세요.

2. 신라의 여왕 세 사람의 이름을 써 보세요.

3. 다음 중 선덕 여왕 시대에 만들어진 것이 아닌 것은 무엇인가요?

① 분황사 　　　　② 황룡사 구층 목탑

③ 첨성대 　　　　④ 불국사

한 줄 정리

선덕 여왕은 우리나라 최초의 여성 통치자였고, 불교문화를 발전시켰으며 우리나라 최초의 천문대인 첨성대를 만들었다.

여기서 잠깐, 상식 노트

첨성대에서 해와 달, 별자리의 움직임을 관찰하여 농사철을 정하고 국가의 중요한 일을 결정하는 데도 참고했다. 이는 신라가 이미 높은 수준의 과학 기술을 보유하고 있었음을 보여 준다.

배경지식 더하기

선덕 여왕 시대의 유적지

우리나라 최초의 여왕인 선덕 여왕은 불교문화와 천문학을 크게 발전시켰다. 선덕 여왕은 황룡사 구층 목탑과 분황사를 지었다. 특히 황룡사 구층 목탑은 당시 동아시아에서 가장 큰 건축물로, 신라의 국력과 기술력을 보여 주는 상징이었다. 황룡사 구층 목탑은 고려 시대까지 천 년 가까이 존재했으나, 몽골의 침입으로 소실되었다. 현재는 터만 남아 있지만, 기록을 통해 그 웅장했던 모습을 짐작할 수 있다.

◆ 선덕여왕 ⓒ전통문화포털

◆ 황룡사 구층 목탑(복원 사진)   ⓒ경주시청

☞ 선덕 여왕이 세운 첨성대는 동양에서 가장 오래된 천문 관측대이다. 높이 9.17미터의 이 건축물은 원통형 몸체에 정사각형 기단을 갖추고 있다. 첨성대라는 이름은 '별을 관찰하는 곳'이라는 뜻이다. 첨성대의 구조에는 여러 과학적 의미가 담겨 있다. 기단에서 꼭대기까지 쌓은 돌의 개수는 총 365개로, 1년의 날 수와 일치한다. 몸통의 27층은 선덕 여왕이 27대 왕이라는 것을 의미한다는 해석도 있다.

◆ 첨성대 　　　　　　　　　　　　　　　　　　　　　　　　　　©freepik

☞ 오늘날까지도 첨성대는 신라의 뛰어난 과학성과 건축 기술을 보여 주는 중요한 문화재로 평가받는다. 특히 수학적 정확성과 천문학적 의미를 담은 설계는 당시 신라인들의 과학적 지식수준을 잘 보여 준다.

통일 신라의 주역, 화랑

신라가 통일을 이룩한 데에는 아주 특별한 단체의 활약이 있었어요. 바로 '화랑도'라는 청소년 수련 단체예요. 화랑의 '화'는 꽃을 뜻하고 '랑'은 사내를 일컬어요. 풀이하면 '꽃처럼 아름다운 남자'로, 신라 귀족 청소년을 위한 학교라고 볼 수 있어요. 화랑도는 화랑과 낭도로 이루어져 있어요. 낭도를 다스리는 화랑은 **품행**이 올바르며 외모가 단정한 진골의 **자제**들만 지원할 수 있었어요. 낭도는 평민도 지원이 가능했어요. 한 명의 화랑은 적게는 수십 명에서 많게는 수천 명의 낭도를 지휘했어요. 화랑도는 어려서부터 전국의 산천을 돌아다니며 정신을 **수양**을 했어요. 어려서부터 단체 생활을 해 온 터라 낭도는 화랑에 대한 충성심이 높았고, 화랑은 많은 사람을 다스리는 지도자의 자질을 기를 수 있어요. 그래서 신라의 뛰어난 관리나 장수들 중에 화랑도 출신이 많아요. 신라가 삼국을 통일하는 데 중요한 역할을 한 왕 김춘추와 장군 김유신 역시 화랑도 출신이에요. 화랑도의 교육은 주로 스님들이 담당했어요. 화랑도라면 원광 법사가 만든 다섯 가지의 규칙인 '세속 오계'를 외우고 지켜야 했어요.

세속 오계
1. 임금님께 충성해야 한다(사군이충)
2. 부모님께 효도해야 한다(사친이효)
3. 믿음으로 친구를 사귀어야 한다(교우이신)
4. 살아 있는 것을 함부로 죽이면 안 된다(살생유택)
5. 한번 싸우면 물러서지 않는다(임전무퇴)

- **품행**: 사람의 행동과 태도가 도덕적으로 바른 정도.
- **자제**: 남의 아들이나 집안의 젊은이를 높여 부르는 말.
- **수양**: 마음과 행동을 바르게 닦고 기르는 것.

🔍 내용 깊이 알아보기

1. 화랑이 될 수 있는 조건은 무엇이었나요?

_____

_____

2. 화랑도가 지켜야 했던 다섯 가지 규칙 세속 오계를 바르게 연결해 보세요.

1) 사군이충 •　　　　　　　　• ⓐ 살아 있는 것을 함부로 죽이면 안 된다.

2) 사친이효 •　　　　　　　　• ⓑ 한번 싸우면 물러서지 않는다.

3) 교우이신 •　　　　　　　　• ⓒ 부모님께 효도해야 한다.

4) 살생유택 •　　　　　　　　• ⓓ 믿음으로 친구를 사귀어야 한다.

5) 임전무퇴 •　　　　　　　　• ⓔ 임금님께 충성해야 한다.

한 줄 정리

화랑도는 신라의 청소년 수련 단체로, 원광 법사가 만든 **세속 오계**를 바탕으로 교육했으며 신라의 삼국 통일에 크게 기여했다.

여기서 잠깐, 상식 노트

화랑도는 불교의 자비와 유교의 충효 사상, 도교의 자연 존중 정신이 어우러진 신라만의 독특한 '풍류 사상'을 형성했다

정답: 1. 훌륭한 용모와 뛰어난 인기가 많으며 단정한 진골의 자제들.
2. 1) ⓔ, 2) ⓒ, 3) ⓓ, 4) ⓐ, 5) ⓑ

배경지식 더하기

신라의 골품 제도

☞ 신라는 골품제라는 아주 강력한 신분 제도가 있는 나라였다. 물론 백제와 고구려에도 귀족과 평민이 있었고 훗날 조선에도 양반과 평민이 있지만 신라는 귀족 안에서도 급을 나누었던 철저한 신분 사회였다. 신라의 골품제는 혈통을 중시하는 신라 시대의 모습을 잘 보여 준다.

◆ 골품 제도

☞ 개인의 노력이나 업적에 따라 신분이 높아질 수 있는 다른 나라와 달리, 신라의 골품제는 혈통에 따라 결정되는 신분으로 죽을 때까지 바꾸기 어려웠다. 또한 골품에 따라 올라갈 수 있는 벼슬에 한계가 있었다. 같은 신분끼리만 결혼이 가능했으며, 다른 신분과 결혼할 경우 높은 신분의 사람이 낮은 배우자의 신분으로 강등되었다. 이뿐만 아니라 신분에 따라 지을 수 있는 집의 크기가 달랐고 밥그릇의 종류, 옷과 가마의 모양까지 다르게 규정되어 있었다고 한다. 왕족 바로 아래인 6두품은 아무리 능력이 있어도 최고위 관직에 오르지 못했다.

📖 화랑도 안에서도 귀족 자제 출신인 화랑과 평민 출신의 낭도로 신분 구분이 유지되었으나 평민과 귀족의 자제가 함께 할 수 있었다는 점에서 화랑도는 유연한 조직이었다. 이러한 계층 간 교류는 신라의 엄격한 골품제 사회에서 드문 현상으로, 화랑도는 신라가 통일을 이룩하는 데 원동력이 되었다.

화랑도의 교육 내용에는 불교적 가치관뿐만 아니라 유교적 소양도 포함되었다. 이를 증명하는 역사적 유물로 '임신서기석'이 전해지고 있는데, 이 비석에는 화랑도가 유교 경전을 습득하고 실천할 것을 맹세한 내용이 새겨져 있다. 이는 화랑도가 단순한 무술 수련이나 군사 훈련을 넘어 종합적인 인재 양성 제도였음을 보여 주는 중요한 증거이다.

◆ 임신서기석 ©국가유산포털

삼국의 발전과 백제와 멸망

삼국 시대에는 백제와 고구려, 신라 세 나라가 서로 경쟁을 했어요. 가장 먼저 발전을 한 나라는 백제였어요. 백제는 4세기 근초고왕 때 **전성기**를 맞았고, 고구려는 5세기에 광개토 대왕과 장수왕이 전성기를 이끌었어요. 6세기에는 두 나라에 비해 발전이 느렸던 신라가 한강을 차지하며 북쪽으로 영토를 넓혔어요. 신라는 백제와 사이가 매우 나빴어요. 백제의 의자왕이 신라의 대야성 공격에 성공하면서 대야성의 **성주**와 그 아내를 처형했어요. 그들은 바로 신라 제29대 왕인 무열왕 김춘추의 **사위**와 딸이었어요. 화가 난 김춘추는 백제를 공격하기 위해 고구려와 **동맹**을 맺으려고 했어요. 당시 고구려는 연개소문이 권력을 장악하고 있었는데 연개소문은 한강 하류 지역의 땅을 주면 동맹을 맺겠다고 했어요. 고구려의 무리한 요구에 결국 신라는 고구려 대신 당나라와 동맹을 맺었어요. 당시 당나라에게 고구려는 위협적인 존재였어요. 그래서 신라와 당나라는 백제를 먼저 공격한 후 고구려도 공격하기로 하고 '나당 동맹(648년)'을 맺어요.

이에 따라 신라 김유신 장군은 5만의 병력을 이끌고 백제를 공격하기 시작했어요. 당나라가 13만 대군을 이끌고 백제 공격을 도왔지요. 백제는 신라와 당나라의 연합군에 맞서 끝까지 저항했지만 역부족이었어요. 이로써 가장 먼저 전성기를 누리며 화려한 역사를 자랑했던 백제는 허무하게 멸망(660년)해요. 백제의 마지막 왕인 의자왕은 당나라로 끌려가 당나라에서 숨을 거두지요.

- **전성기**: 가장 힘이 세고 번영했던 시기.
- **성주**: 성을 다스리는 책임자.
- **사위**: 딸의 남편.
- **동맹**: 서로 힘을 합쳐 도움을 주기로 약속하는 관계.

🔍 내용 깊이 알아보기

1. 알맞은 내용에 O표 하세요.

- 대야성 성주 부부는 신라 태종 무열왕 김춘추의 가족이었다.   (   )
- 김춘추는 복수를 위해 고구려와 동맹을 맺으려 했다.   (   )
- 신라와 당나라는 고구려를 먼저 공격하기로 했다.   (   )

2. 삼국이 전성기를 맞이한 순서대로 써 보세요.

(   ) - (   ) - (   )

3. 신라가 고구려 대신 당나라와 동맹을 맺은 이유는 무엇인가요?

_____

_____

_____

한 줄 정리

삼국 중 신라는 가장 늦게 전성기를 맞았지만 당나라와 동맹을 맺어 백제를 멸망시켰다.

여기서 잠깐, 상식 노트

백제의 마지막 왕인 의자왕은 유흥에 빠져 나라를 제대로 돌보지 않았고, 백제가 멸망할 때 의자왕의 삼천 궁녀가 낙화암에서 투신했다는 이야기가 전해진다. 하지만 이는 역사적으로 근거가 부족하다. 당시 인구를 고려했을 때, 궁녀가 삼천 명이나 되었다는 것은 과장되고 부풀려진 이야기로 보인다.

정답: 1. O, O, X 2. 백제 - 고구려 - 신라 3. 고구려의 연개소문이 동맹을 거절하였고 오히려 신라의 땅을 요구했기 때문에.

배경지식 더하기

황산벌 전투

👉 백제의 마지막 왕인 의자왕은 처음에는 무척 총명하고 용맹한 왕이었다. 대야성 전투에서 큰 승리를 이끌었고, 효심이 강해 '해동증자'라고 불릴 정도였다. 하지만 나중에는 나라를 돌보는 데 소홀해졌고 방탕한 생활을 하였다고 한다. 충신들이 신라의 공격에 대비해야 한다고 조언했지만 듣지 않았고, 결국 백제는 신라에게 공격을 당한다. 당시 신라는 5만 대군을 이끌고 백제를 쳐들어왔는데, 백제의 장군 계백은 5천 명의 결사대와 함께 끝까지 싸웠다.

◆ 황산벌 전투 재현 행사   ⓒ논산시청

👉 신라의 병사 수가 월등히 많았지만 죽음을 각오하고 싸운 백제군의 힘은 대단했다. 초반 네 차례나 연달아 승리하며 신라군의 공격을 막아 냈는데, 이 싸움이 바로 '황산벌 전투'이다.

📖 황산벌은 지금의 충남 논산 일대로 백제의 수도였던 사비성(현재의 부여)으로 들어가는 길목이었다. 계백 장군은 황산벌이 무너지면 백제가 멸망한다는 것을 알고 있었다. 신라 역시 백제를 정복하려면 반드시 황산벌 전투에서 승리해야 했다. 5천 결사대의 용맹에 신라군의 사기가 꺾이고 있는 것을 본 화랑 관창은 적진으로 뛰어들어 싸우다가 포로가 되었다. 계백은 관창을 죽이면 신라의 사기가 높아질 것을 우려하여 살려서 돌려보냈다. 하지만 관창은 다시 백제 공격에 앞장섰다 포로가 되었고 계백 장군은 어쩔 수 없이 관창을 죽였다. 관창이 죽었다는 소식이 신라군에 전해지자 신라군은 복수심에 사기가 높아졌고, 결국 계백의 5천 결사대는 신라군에 패하고 계백 장군도 전사한다.

◆ 계백 장군 동상

◆ 의자왕의 삼천 궁녀가 투신했다고 전해지는 낙화암

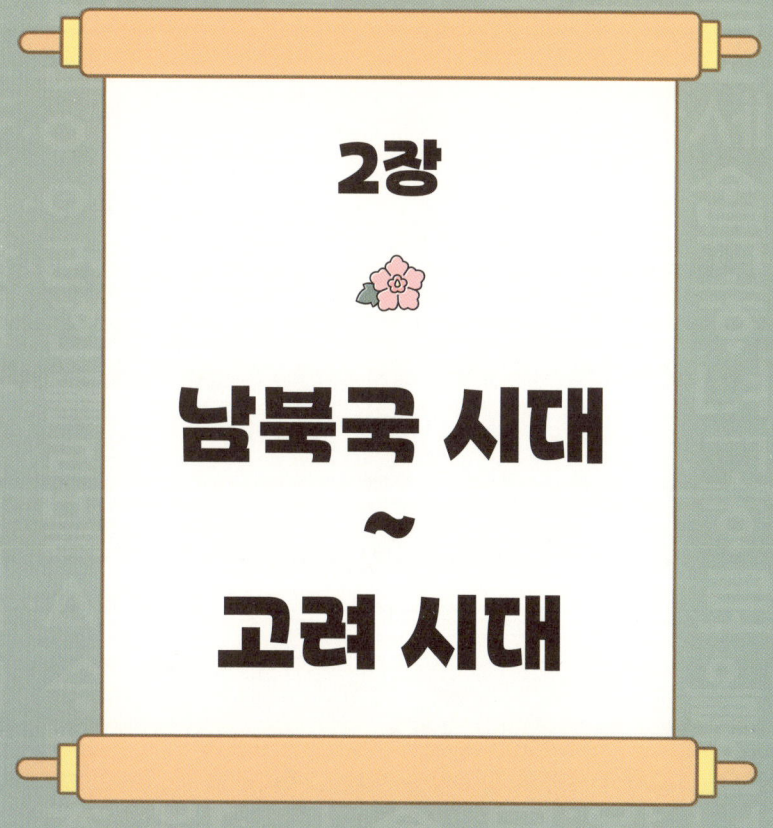

2장
남북국 시대 ~ 고려 시대

- 처음에는 힘이 가장 약했던 신라가 삼국을 통일했고, 북쪽에는 발해라는 새로운 나라가 생겨났어요. 이 시기를 '남북국 시대'라고 불러요. 통일 신라는 불교문화가 크게 발달했고, 발해는 고구려의 기상을 이어받아 '해동성국'이라 불릴 만큼 강한 나라였어요. 그러나 시간이 흐르면서 힘이 약해졌고, 왕건이 새로운 나라 고려를 세웠어요.

- 고려는 정말 멋진 나라였어요. 아름다운 도자기인 고려청자를 만들었고, 팔만대장경이라는 엄청난 책도 만들었답니다. 또한 세계 최초로 금속 활자를 발명하여 책을 찍어 내기도 했어요. 하지만 고려는 몽골의 침입을 받으며 큰 시련을 겪기도 했답니다. 고려 역사를 살펴볼 때는 권력을 장악한 사람들이 어떻게 바뀌었는지를 생각하면서 읽어 보세요. 호족에서 문벌 귀족, 무신, 권문세족, 신진 사대부로 바뀌는 권력의 변화 속에서 고려는 어떻게 발전해 나갔을까요?

고구려의 멸망과 신라의 삼국 통일

　백제가 멸망하고, 당나라와 신라는 고구려를 함께 공격했어요. 하지만 백제와 달리 고구려는 강했어요. 신라와 당나라의 공격을 버텨 냈지요. 결국 당은 이렇다 할 성과를 얻지 못하고 물러나고 말았어요. 하지만 얼마 후 고구려의 권력을 장악하고 있던 연개소문이 죽자, 아들들의 **권력 싸움**이 시작되었어요. 권력 싸움에서 밀려난 맏아들 연남생은 당나라로 피신을 갔고, 당나라는 연남생을 극진하게 대접하면서 고구려의 내부 상황을 알아냈어요. 그리고 다시 전쟁을 준비하여 신라와 함께 고구려를 공격했어요. 권력 다툼으로 우왕좌왕하던 고구려는 결국 나당 연합군에 의해 멸망하게 되었어요.

　나당 연합군은 고구려 공격에 승리한다면 대동강 북쪽은 당나라가, 남쪽은 신라가 차지하기로 약속을 했어요. 그런데 막상 고구려가 멸망하자 당나라는 동맹할 때 한 약속을 깨 버렸어요. 전쟁이 끝난 후 당나라는 백제에 '웅진 도독부', 고구려에는 '안동 도호부'를 세워 직접 **통치**하려 했어요. 그리고 신라에도 '계림 도독부'를 세웠어요. 심지어 신라의 문무왕을 계림 도독이라고 불렀어요. 함께 정벌한 백제와 고구려를 나누어 갖지 않고 모두 차지하려한 것은 물론이고 신라까지 당나라의 통치 아래에 두려고 한 것이지요. 이에 신라는 당나라와의 전쟁을 준비했어요. 백제와 고구려 **유민**들도 신라군에 합류해 힘을 보탰어요. 결국 신라는 당나라를 물리쳤고, 완전한 삼국 통일을 이루었어요.

- **권력 싸움**: 권력이나 지배력을 차지하기 위해 서로 다투는 것.
- **통치**: 나라나 지역을 다스림.
- **유민**: 나라가 망한 뒤에 남은 백성.

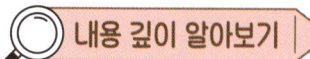

내용 깊이 알아보기

1. 알맞은 내용에 O표 하세요.

- 고구려는 신라와 당나라 연합군에 의해 멸망했다. ( )
- 당나라는 신라와의 약속을 지켜 영토를 분배했다. ( )
- 백제와 고구려의 유민들은 신라의 삼국 통일에 도움을 주었다. ( )

2. 고구려 내부에서 어떤 일이 일어나 멸망의 원인이 되었나요?

_____

_____

3. 신라가 당나라와 전쟁을 하게 된 이유는 무엇인가요?

_____

_____

한 줄 정리

고구려가 멸망한 후 신라군과 백제, 고구려 유민들이 함께 싸워 **당나라**를 물리치고 삼국을 **통일**했다.

여기서 잠깐, 상식 노트

태종 무열왕 김춘추는 신라 최초의 진골 출신 왕으로, 백제를 멸망시키며 삼국 통일의 기틀을 마련하였다. 하지만 무열왕은 고구려가 멸망하기 전 사망하였고, 무열왕의 뒤를 이어 문무왕이 삼국 통일을 완성했다.

배경지식 더하기

용이 되어 나라를 지키는 문무왕

나당 전쟁에서 당나라를 물리치고 삼국 통일을 이룬 문무왕은 전쟁이 끝난 후 백성의 생활을 안정시키기 위해 노력했다. 오랜 기간 이어 온 전쟁 탓에 백성들의 생활은 매우 궁핍했다. 문무왕은 무기를 녹여 농기구를 만들게 하고 세금을 줄여 주는 정책을 펼쳤다. 또한 백제와 고구려인들이 신라에 잘 흡수될 수 있도록 포용하는 정책을 펼쳤다.

◆ 문무왕 영정　　　　ⓒ전통문화포털

자신이 사망한 후에도 백성에게 부담이 되는 왕릉을 짓지 못하게 하고, 자신을 화장하여 동해의 큰 바위에 뿌려 달라고 했다. 문무왕은 죽은 후 용으로 다시 태어나 왜구로부터 나라를 지키겠다고 한 것이다.

◆ 문무 대왕릉　　　　ⓒ국가유산포털

👉 문무왕이 정말 용이 되었다는 '만파식적' 설화도 전해지고 있다. 문무왕이 사망한 후 31대 신문왕이 즉위를 한다. 신문왕은 감은사 앞바다에서 용에게 대나무를 받는데, 용은 이 대나무가 하늘의 신이 된 김유신과 바다의 신이 된 문무왕이 내려준 것이라고 말한다. 이 대나무로 피리를 만들어 불면 나라가 평화로워질 것이라고 이야기해 주었다. 신문왕이 대나무로 피리를 만들어 불자 적군이 물러나고 질병이 사라지는 등 신라의 모든 어려움이 해소되었다고 한다. 그때부터 신라 사람들은 이 피리를 '만파식적(많은 파도를 잠재우는 피리)'이라고 부르며 국보로 삼았다고 전해진다.

◆ 신문왕이 신라의 보배 '만파식적'을 얻었다고 알려진 이견대

ⓒ경주시청

고구려를 계승한 발해

　신라가 삼국 통일을 하는 과정에서 아쉬운 점이 한 가지 있다면 다른 나라인 당나라의 도움을 받은 것이에요. 나중에 신라가 당나라를 쫓아냈지만 이 과정에서 고구려의 드넓은 영토 대부분이 당나라 차지가 되었어요. 하지만 당나라가 혼란스러운 틈을 타 고구려 유민 출신 대조영이 통일 신라 북쪽에 발해를 세웠어요. 고구려 유민들과 **말갈족**을 이끌고 나라를 세운 대조영은 스스로를 고구려 왕이라고 말하면서 고구려의 정신을 계승하기 위해 노력했어요. 발해의 유적, 유물을 살펴보면 발해가 고구려를 계승한 나라임을 알 수 있어요. 발해 역시 고구려와 같이 우리나라 전통 난방 방식인 **온돌**을 사용했고, 비슷한 모양과 방식으로 제작된 기와 등의 유물을 찾아볼 수 있어요. 또한 발해 왕이 일본과 교류하며 자신을 고려의 왕이라고 소개한 기록도 남아 있어요.

　대조영의 탁월한 리더십 덕분에 발해는 빠르게 성장했고, 고구려의 옛 땅을 되찾았어요. 발해는 전성기 때 고구려보다 더 넓은 땅을 차지하며 바다 동쪽의 크고 강한 나라라는 뜻의 '해동성국'으로 불렸어요. 발해는 고구려 문화를 계승하면서도 말갈족과 당나라 문화까지 받아들이며 **독자적**인 문화를 이루어 나갔어요. 발해는 당나라, 신라, 일본과 활발한 외교 관계를 맺으며 동북아시아의 중요한 세력으로 성장했어요. 이후 발해는 약 200년 동안 지속되었어요. 이렇게 통일 신라와 발해가 함께 존재했던 시기를 남북국 시대라고 해요. 이 시기에 통일 신라는 한반도 남쪽 발해는 한반도 북쪽과 만주 일대를 차지하며 한반도를 발전시켜 나갔어요.

- **말갈족**: 만주 지역에 살던 민족으로, 발해 건국에 참여함.
- **온돌**: 방바닥 아래로 뜨거운 공기를 통과시켜 방을 따뜻하게 하는 한국 전통 난방 방식.
- **독자적**: 남에게 의지하지 않고 자기 스스로의 특색을 가지는 성질이나 특성.

🔍 내용 깊이 알아보기

1. 신라의 삼국 통일에서 아쉬운 점을 써 보세요.

_____

_____

2. 발해가 고구려를 계승한 나라라는 것을 어떻게 알 수 있나요?

_____

_____

3. '해동성국'이란 무슨 뜻인가요?

_____

_____

한 줄 정리

고구려 유민 대조영이 말갈족과 함께 세운 발해는, 고구려 문화를 계승하며 해동성국으로 불릴 만큼 번영했다.

✏️ 여기서 잠깐, 상식 노트

발해가 일본에 보낸 외교 문서에는 발해 스스로 '고구려의 옛 땅에 세운 나라'라고 밝히고 있다. 또한 발해 국왕을 '고려의 왕'으로 칭하며 고구려를 계승한 나라임을 밝히고 있다.

정답: 1. 다른 나라인 당나라의 도움을 받은 것. 2. 발해에서 일본에 보낸 외교 문서에서 알 수 있다. 3. 바다 동쪽의 크고 융성한 나라.

배경지식 더하기

우리의 역사, 발해

중국은 현재 영토를 기준으로 중국 땅에 있었던 우리나라의 역사가 자신들의 역사였다고 주장한다. 하지만 이러한 주장은 역사적으로 옳지 않다. 전해 내려오는 유적과 유물을 살펴보면 고조선, 고구려, 발해는 중국과는 확연히 다른 독자적인 문화를 이루고 있었다.

◆ 대조영 영정　　ⓒ전통문화포털

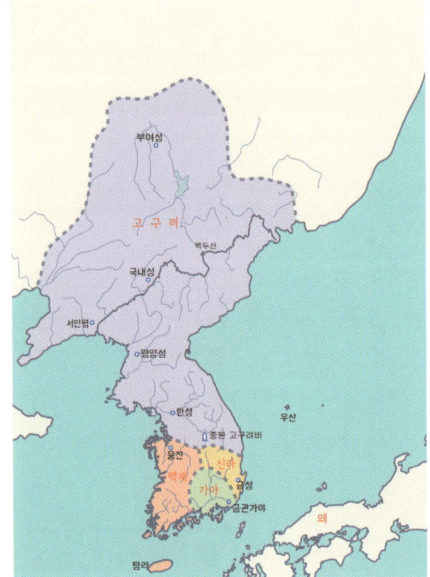

◆ 고구려의 전성기 지도(5세기)

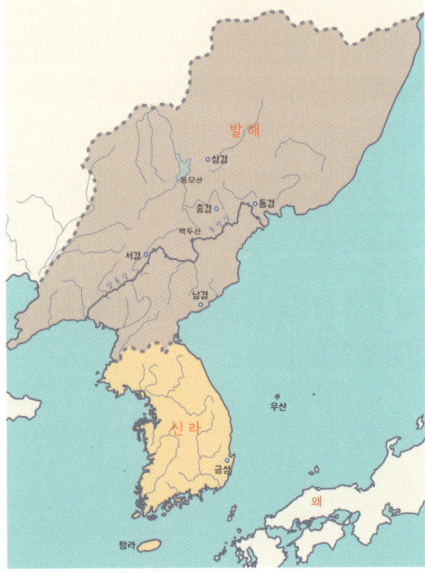

◆ 발해의 전성기 지도(9세기)

☞ 무엇보다 발해가 고구려를 계승한 나라로 볼 수 있는 가장 큰 근거는 발해의 지배층이 고구려 유민이었다는 점과 온돌, 기와 등에서 한반도 문화적 유사성이 발견된다는 점이다.

◆ 발해 기와(수막새)

◆ 고구려 기와(수막새)

☞ 발해는 926년 거란에 의해 멸망할 때까지 신라, 일본 등 다양한 나라와 활발히 교류했으며 불교문화가 발달했다.

◆ 발해 석등

◆ 발해 이불병좌상

ⓒ국립중앙박물관

바다를 지킨 장보고

신라 시대에 바다를 지배했던 인물이 있어요. 바로 장보고예요. 장보고는 신라 말기인 9세기에 활동했던 해상 무역의 영웅이었어요. 장보고는 처음에 신라의 군인으로 일하다가 당나라로 건너가 당나라 군인으로 **활약**했어요. 당나라에서 높은 지위까지 올랐지만, 그의 마음은 항상 고국 신라에 있었어요. 특히 신라 사람들이 해적에게 잡혀 노예로 팔려 가는 모습이 슬펐어요.

장보고는 신라의 흥덕왕에게 청해진을 만들어 해적을 물리치겠다고 **건의**했어요. 왕의 허락을 받은 장보고는 고향인 완도에 청해진을 세우고 1만 명의 군사를 모아 해적을 **소탕**했어요. 그러자 청해진은 곧 동아시아 해상 무역의 중심지가 되었어요. 장보고는 청해진을 중심으로 신라, 당나라, 일본을 잇는 무역로를 장악했어요. 이 무역로는 바다 위의 '실크 로드'처럼 각국의 물건이 오가는 길이 되었어요. 장보고의 배들은 금, 비단, 도자기, **향신료** 등 여러 물건을 실어 날랐어요. 또 장보고는 중국에 '법화원'이라는 사찰을 세우고 신라 상인들이 그곳에서 안전하게 지낼 수 있게 했어요.

이렇게 해적 소탕, 무역 발전 등 여러 분야에서 큰 업적을 남긴 장보고는 안타깝게도 841년, 부하였던 염장에게 **암살**당해요. 장보고가 떠난 후 청해진도 약해졌지만, 그가 열었던 해상 무역로는 오랫동안 동아시아 역사에 큰 영향을 미쳤어요. 장보고는 우리나라 해양사에서 가장 빛나는 인물로 기억되고 있어요.

- **활약:** 적극적으로 움직이며 중요한 역할을 하는 것.
- **건의:** 의견이나 생각을 제안하는 것.
- **소탕:** 악한 무리나 해로운 것들을 완전히 없애 버리는 것.
- **향신료:** 음식에 맛과 향을 더하기 위해 쓰이는 재료(후추, 계피, 마늘 등)
- **암살:** 계획적으로 사람을 몰래 살해하는 행위.

내용 깊이 알아보기

1. 알맞은 내용에 O표 하세요.
- 장보고는 처음부터 해상 무역상이었다. ( )
- 장보고는 청해진을 설치하여 해적을 물리쳤다. ( )
- 장보고는 중국에 법화원을 세웠다. ( )

2. 장보고가 청해진을 설치한 이유는 무엇인가요?

....

....

3. 장보고의 배들은 어떤 물건들을 실어 날랐나요?

....

....

한 줄 정리

장보고는 신라 말기에 청해진을 설치하여 해적을 물리치고 동아시아 해상 무역을 주도한 해양 영웅이다.

여기서 잠깐, 상식 노트

'실크 로드(비단길)'는 옛날 중국과 로마를 연결한 긴 무역 길이었다. 비단을 많이 거래해서 이런 이름이 붙었다. 이 길을 통해 비단, 향신료, 보석 같은 귀한 물건들이 오갔다. 또한 종교와 문화, 기술도 함께 전해졌다.

정답: 1. X, O, O 2. 해적들 물리치고 바다를 안전하게 만들기 위해서, 3. 등, 비단, 도자기, 향신료 등.

배경지식 더하기

청해진과 신라방

☞ 청해진은 국제 무역항으로서 당의 비단, 약재, 공예품부터 서역의 향료, 보석류까지 다양한 상품을 취급했다. 신라는 주로 금, 은, 비단, 세공품, 인삼 등을 수출했으며, 진귀한 물건들은 당에서 수입해 일본으로 재수출하기도 했다. 청해진의 상품들은 당과 일본에서 매우 높은 가격으로 팔렸고, 때로는 웃돈을 주고 사려는 이들이 있을 정도로 인기가 많았다. 장보고는 청해진의 지리적 이점을 활용해 물건을 싸게 사서 비싸게 파는 '중개 무역'으로 부를 쌓았으며, 강력한 수군을 바탕으로 국제 무역을 장악하는 해상 왕국을 건설했다.

◆ 신라의 해상 무역 지도

☞ 이 시기에 무역을 하기 위해 당나라로 이주한 신라 사람들도 많았다. 이들은 당나라 정부의 허가를 받아 모여 살았는데, 당나라에서 신라 사람들이 모여 사는 마을을 '신라방'이라고 불렀다.

◆ 장보고 영정　　　　　©전통문화포털

◆ 장보고가 활동 하던 시기의 무역선

신라의 분열과 후삼국 시대

　통일 신라 말기에는 귀족들이 왕위를 두고 다투기 시작했어요. 또한 백성들에게는 무거운 세금을 거두어 백성들의 삶은 어려워졌어요. 참다 못한 농민들이 지방 곳곳에서 **봉기**를 일으키며 나라는 더욱 혼란스러워졌어요. 이런 틈을 타 각 지방에서는 새로운 정치 세력인 **호족**이 성장하였어요. 궁예가 북쪽 지방에 후고구려를 세웠고, 남쪽 지방에는 견훤이 후백제를 세우면서 한반도는 신라, 후고구려, 후백제로 다시 나뉘게 되었어요. 이 시기를 '후삼국 시대'라고 하지요. 후고구려의 궁예는 송악(개성)의 호족이었던 왕건의 도움에 힘입어 왕이 되었어요. 궁예는 왕이 된 후 자신을 미륵불이라 칭하며 자기에게 사람들의 마음을 읽는 능력, '관심법'이 있다고 주장했어요. 또 자신의 마음에 들지 않는 신하들에게 누명을 씌워 벌을 주는 등 나라를 난폭하게 다스리기 시작했어요. 심지어 궁예를 걱정해서 충고하는 가족들까지 죽이는 **만행**을 저지르면서 **민심**을 잃었어요. 신하들은 궁예를 몰아내고 왕건을 왕으로 **추대**하여 고려를 세웠어요. 이후 고려와 경쟁 관계였던 후백제에서는 왕위 다툼이 생겨 견훤이 왕위를 빼앗기고, 왕건은 왕위를 빼앗긴 견훤을 고려로 모셔와 극진히 대접했어요. 견훤은 왕건과 손잡고 자신을 왕위에서 몰아낸 후백제를 멸망시켰어요. 계속 힘이 약해져 가던 신라도 스스로 고려에게 나라를 넘겨주며 통일 신라는 역사 속에서 사라지게 되었어요.

- **봉기**: 억압에 견디지 못하고 집단적으로 일으키는 항쟁.
- **호족**: 통일 신라 말기 지방에서 성장하여 고려를 건국하는 데 이바지한 세력.
- **만행**: 도를 넘어선 몹시 나쁜 행동.
- **민심**: 백성들의 마음이나 여론.
- **추대**: 어떤 사람을 높여 받들어 모심.

내용 깊이 알아보기

1. 통일 신라 말기 백성들의 상황은 어떠했나요?

_____

_____

2. 통일 신라 말기 성장한 새로운 정치 세력은 누구인가요?

_____

_____

3. 신라는 어떻게 멸망하게 되었나요?

_____

_____

한 줄 정리

통일 신라 말기의 혼란 속에서 후삼국이 등장했고, 신라의 호족 출신 왕건이 고려를 세워 후백제와 신라를 통합했다.

여기서 잠깐, 상식 노트

신라는 건국부터 멸망까지 약 992년 동안 수도를 서라벌(사로국, 경주)에서 한 번도 옮기지 않았다. 이는 세계 역사상 가장 오랫동안 수도를 유지한 사례 중 하나이다. 반면 고구려는 졸본 → 국내성(만주) → 평양으로, 백제는 위례성(한성) → 웅진(공주) → 사비(부여)로 수도를 옮겼다.

정답: 1. 귀족들의 다툼과 흉년 때문으로 생활이 어려워졌다. 2. 호족 3. 스스로 고려에게 나라를 넘겨주었다.

마의 태자와 포석정 이야기

신라 말기 견훤은 신라를 공격해 포석정에 있던 경애왕을 사로잡아 자결하게 하고, 경순왕을 왕으로 세웠다. 후백제의 뜻대로 왕을 세울 정도였으니, 신라가 얼마나 힘이 약했는지 알 수 있다. 결국 경순왕은 나라를 스스로 지킬 수 없다고 판단하여 신하들을 모아 신라를 고려에 양도하기로 결정했다. 그러나 경순왕의 첫째 아들이었던 마의 태자는 이에 반대했다. 그러나 경순왕은 신라를 고려에게 바쳤고, 마의 태자는 통곡하며 금강산에 들어가 마의(삼베)를 입고 초식으로 연명하다가 일생을 마쳤다고 전해진다. 마의 태자라는 이름도 '삼베를 입고 지낸 태자'라는 뜻으로 후세의 사람들이 이름을 만들어 준 것이다. 마의 태자는 나라를 지키려는 노력을 하지 않았던 무능한 신라의 왕족과 달리 끝까지 신라를 지키려고 한 왕자라는 면에서 높은 평가를 받고 있다.

◆ 후삼국 통일 과정

☞ 한편, 포석정은 신라 귀족들이 술잔을 물에 띄우며 연회를 즐긴 곳으로 알려져 있다. 백제의 공격을 받을 때에도 연회를 베풀고 있어 무능하고 부패한 왕과 귀족을 상징하는 공간으로 여겨졌다. 하지만 최근에는 포석정이 단순한 연회를 행하던 장소가 아닌 제사를 지내던 장소이며, 경애왕도 제사를 지내다가 사로잡혔을 것이라는 설이 힘을 받고 있다.

◆ 포석정

ⓒ국가유산포털

왕건의 고려 건국

후백제의 견훤이 고려로 투항하고, 신라가 고려에게 나라를 넘기면서 왕건의 고려는 다시 한반도를 통일한 나라가 되었어요. 왕건은 잔인한 성품의 궁예와 달리 신하들을 따뜻하게 대하는 왕이었어요. 궁예가 신하들과 백성들을 괴롭히다가 쫓겨난 것을 보았기 때문에 왕건은 더욱 백성의 마음을 얻는 것을 중요하게 생각했지요. 그래서 백성의 세금을 줄여 주려 노력했으며, 가난한 사람에게 곡식을 빌려주는 '흑창'이라는 제도를 만들었어요. **항복**한 신라의 경순왕이 경주를 계속 다스리게 하고 그의 조카딸과 결혼하여 화해와 통합에 집중했어요. 왕건은 신라와 후백제 백성뿐 아니라 옛 발해의 유민까지 **포용**하며 우리 민족의 통일을 이루어 냈어요.

또한 옛 고구려의 영토를 되찾기 위해 북쪽으로 영토를 넓히는 북진 정책을 펼쳤어요. 내부적으로는 백성들의 마음을 하나로 모으기 위해 불교를 더욱 장려하는 한편, 왕권을 강화하고 지방의 힘 있는 호족을 자기편으로 만들려고 노력했어요. 그래서 세력이 강한 호족의 딸과 결혼을 하고 자신의 성씨인 왕씨(王氏) 성을 내려 주었어요. 그러다 보니 무려 29명의 부인을 두게 되었어요. 자녀도 34명이나 낳았고요. 하지만 호족이 너무 성장하여 왕권을 위협하는 것을 막기 위해 호족을 **견제**하는 정책도 실시했어요. 기인 제도를 통해 호족의 자녀를 도읍에 머물게 하여 호족들이 지방에서 함부로 난을 일으키지 못하게 한 것이지요.

- **항복:** 상대방에게 지거나 굴복하여 따르는 것.
- **포용:** 차별 없이 너그럽게 받아들이는 것.
- **견제:** 상대방의 세력이 커지지 않도록 제한하는 것.

🔍 내용 깊이 알아보기

1. 알맞은 내용에 O표 하세요.

- 왕건은 고려를 세운 후 신라의 왕족을 모두 제거했다.   (   )
- 왕건은 고구려의 영토를 되찾으려고 했다.   (   )
- 고려는 불교를 억압하고 유교를 국가 이념으로 삼았다.   (   )

2. 왕건이 지방의 힘 있는 호족을 자기편으로 만들기 위해 어떻게 했나요?

_____

_____

3. 흑창은 어떤 제도인가요?

_____

_____

한 줄 정리

고려를 세워 후삼국을 통일한 **왕건**은 백성들의 생활을 안정시키고, **왕권**을 강화하는 데 힘썼다.

여기서 잠깐, 상식 노트

고려의 '흑창'처럼 가난한 백성에게 봄에 곡식을 빌려주고 가을에 돌려받는 빈민 구제 제도에는 고구려의 '진대법', 조선의 '환곡' 등이 있었다.

정답: 1. X, O, X 2. 호족의 딸과 결혼하고 자신의 성인 왕씨 성을 내려주었다. 3. 가난한 사람들에게 나라의 곡식을 빌려주는 제도.

배경지식 더하기

왕건의 훈요십조

훈요십조
1조 불교의 힘으로 나라를 세웠으니 불교를 장려할 것.
2조 절은 풍수지리설에 따라 세우고, 함부로 짓지 말 것.
3조 왕위는 맏아들이 잇는 것을 원칙으로 하되, 맏아들이 어질지 못하면 그다음 아들에게 전해 주고, 그 아들도 어질지 못하면 형제 중에서 여러 사람의 추대를 받은 자에게 전할 것.
4조 우리나라는 사람과 땅이 중국과 다르니 중국의 제도를 억지로 따를 필요가 없고, 거란은 짐승과 같은 나라이므로 그들의 제도를 본받지 말 것.
5조 서경(평양)은 중요한 곳이니 1년에 100일 이상 서경에 가서 머물 것.
6조 연등회와 팔관회를 성대하게 치를 것.
7조 왕이 된 자는 바른말을 받아들이고 남을 헐뜯는 말을 멀리할 것.
8조 차령산맥 이남과 공주강 밖의 사람들은 쓰지 말 것.
9조 관리들의 녹봉을 함부로 가감하지 말고 농민들의 부담을 가볍게 할 것.
10조 왕이 근심이 없을 때에는 경계하고 옛일을 거울삼아 오늘을 경계할 것.

☞ 훈요십조에는 고려가 불교를 숭상하는 나라라는 점과, 중국과는 다른 자주적인 국가라는 것이 드러난다. 또한 왕으로서 갖추어야 할 덕목과 백성을 사랑하는 정책을 펼쳤던 왕건의 지혜를 엿볼 수 있다.

◆ 태조 왕건 청동상 ©노명호, 「고려 태조왕건의 동상」, 지식산업사

◆ 현릉: 고려 태조 왕건이 안장되어 있는 릉으로 현재 북한 개경에 위치

만부교 사건과 서희의 담판

고려 시대 북쪽 지역에서는 거란이 세력을 키워 나가고 있었어요. 거란은 발해를 멸망시키고 송나라까지 넘보며 무섭게 성장했지요. 하지만 거란은 고려와는 친하게 지내고 싶어 했어요. 그래서 사신을 보내 낙타 50마리를 선물했지요. 하지만 태조 왕건은 거란이 발해를 멸망시킨 **포악**한 나라라면서 사신을 **귀양** 보내고 낙타에게 음식을 주지 않고 만부교 아래에 매어 놓아 굶겨 죽였어요. 이 사건을 '만부교 사건'이라고 불러요. 만부교 사건을 계기로 거란과 고려 사이가 매우 나빠졌어요. 분노한 거란은 고려에게 송나라와 **교류**를 끊을 것을 요구하며 고려를 침입했어요.

거란이 침입하자 고려의 일부 신하들은 힘이 센 거란을 무서워하며 고려의 북쪽 땅을 내주자고 했어요. 하지만 당시 외교가였던 서희의 생각은 달랐어요. 외교 전략으로 거란의 침입을 막을 수 있다고 믿었지요. 거란은 송나라와 전쟁을 해야 하기 때문에 고려와는 전쟁을 하지 않고 사이좋게 지내고 싶어 한다는 것을 눈치채고, 서희는 거란의 장군 소손녕과 **담판**을 벌였어요. 서희는 담판에서 송나라를 멀리하고 거란과 교류하겠다고 약속하고, 그대신 고구려의 옛 땅을 돌려 달라고 했어요. 거란은 고려의 제안을 받아들이고 스스로 물러났지요. 땅을 빼앗기는커녕 오히려 거란과 압록강 동쪽의 '강동 육주'를 차지하게 된 거예요. 서희의 외교 담판은 국제 정세를 정확히 파악하여 위기를 기회로 바꾼 훌륭한 외교 사례로 평가되고 있어요.

- **포악:** 매우 잔인하고 사납게 행동하는 성질이나 모습.
- **귀양:** 죄인을 멀리 외딴 곳으로 보내 살게 하는 형벌.
- **교류:** 서로 왕래하면서 정보, 물건, 문화 등을 주고받는 일.
- **담판:** 어떤 문제를 해결하기 위해 서로 의견을 주고받으며 협상하는 것.

내용 깊이 알아보기

1. 알맞은 내용에 O표 하세요.

- 거란은 발해를 멸망시킨 후 고려와 친하게 지내고 싶어 했다. (　　　)
- 만부교 사건은 서희가 일으킨 사건이다. (　　　)
- 서희의 외교 담판으로 고려는 강동 육주를 얻었다. (　　　)

2. 만부교 사건은 어떤 사건인가요?

_____

_____

3. 서희는 어떤 약속을 통해 거란을 물러나게 했나요?

_____

_____

한 줄 정리

태조 왕건의 거란 적대 정책으로 시작된 갈등을 서희가 외교 담판으로 해결하며 오히려 강동 육주를 획득했다.

> **여기서 잠깐, 상식 노트**
>
> 강동 육주는 압록강 동쪽의 6개 주라는 뜻이다. 이곳에는 여진족이 자리 잡고 있었는데 서희는 거란과의 담판을 통해 여진족을 몰아내고 강동 육주를 차지함으로써 고려의 영토를 크게 확장하였다.

정답: 1. O, X, O 2. 거란이 보낸 낙타를 만부교 아래에 매어 놓아 굶겨 죽인 사건. 3. 송나라와 교류를 끊고 거란과 교류할 것을 약속했다.

배경지식 더하기

거란의 침입

👉 고려는 거란의 1차 침입 때 서희의 담판으로 전쟁 없이 거란군을 돌려보냈고, 강동 육주를 차지했다. 하지만 고려는 거란과 친교를 맺은 후에도 송나라와 계속 교류를 했다. 그러자 화가 난 거란은 고려를 다시 침입했다. 거란은 1010년에 40만 대군을 이끌고 2차 침입을 했다. 이때 고려는 거란에게 개경을 빼앗기는 어려움을 겪었다. 고려의 장수 양규가 거란의 보급로를 차단하며 끈질기게 저항했고, 결국 거란군은 철수한다. 양규의 활약으로 고려는 2차 침입의 위기를 넘겼지만 거란은 또다시 고려에 쳐들어왔다.

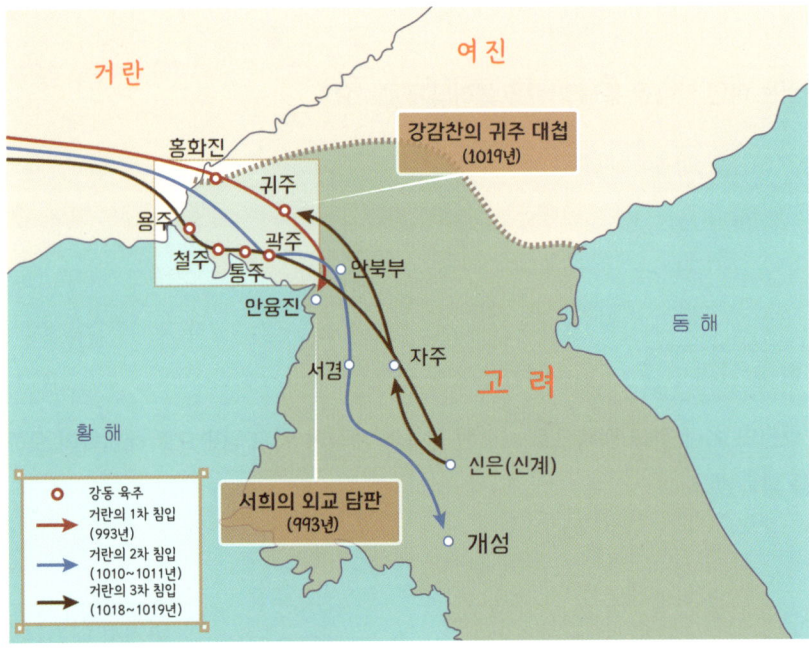

◆ 강동 육주 지도 (거란의 1, 2, 3차 침입 경로)

☞ 거란의 3차 침입 때에는 고려의 장수 강감찬이 철수하던 거란군을 공격하여 귀주 들판에서 큰 승리를 거둔다.

◆ 귀주 대첩(1019년)　　　　　　　　　　　　©전쟁기념관

☞ 거란은 고려를 세 번이나 침입했지만 별다른 성과를 얻지 못했다. 이후 거란은 더 이상 고려와 전투를 하지 않고 평화 조약을 맺기로 했다. 고려는 거란, 여진 등 북방 민족의 공격에 대비해 천리장성을 쌓았다.

◆ 천리장성 지도

☞ 고려는 거란뿐 아니라 여진족의 침입도 잘 막아 냈다. 특히 고려 장수 윤관은 말을 타고 싸우는 기병 중심의 특수 부대인 별무반을 만들어 여진족을 정벌하였고, 동북 지역에 9개의 성을 쌓았다.

무신 정변

　고려 시대에는 학문을 담당하는 문신과 군사를 담당하는 무신이 나뉘어 있었어요. 나라를 바르게 운영하기 위해서는 둘 모두 중요했지만 고려 시대에는 문신이 무신보다 훨씬 좋은 대우를 받았어요. 이들은 '문벌 귀족'이라 불리며 나라의 중요한 자리를 모두 차지했어요. 그에 비해 나라를 지키는 무신들은 심한 차별과 **모욕**을 받았어요. 무신들은 아무리 열심히 일해도 높은 자리에 오르기 어려웠고, 문신들보다 낮은 급여를 받았어요. 궁중 행사에 참석할 때는 말도 타지 못하고 걸어 다녀야 했지요. 젊은 문신이 나이 많은 무신의 수염을 태우거나 뺨을 때리는 사건이 일어나는가 하면, 임금과 문신들이 함께 연회를 즐기는 자리에서 무신들에게 술을 따르게 하거나 춤을 추게 하는 등 **굴욕적**인 대우도 서슴지 않았어요. 이런 상황이 계속되자 무신들의 분노는 점점 커져 갔어요.

　참다못한 무신들은 **반란**을 일으켜 권력을 잡았어요. 그동안 쌓였던 분노가 폭발한 거예요. 무신들은 궁궐에 들어가 의종 임금을 쫓아내고, 많은 문신을 죽였어요. 그리고 의종의 동생인 명종을 새 임금으로 세웠지만, 실제 권력은 무신들이 가졌어요. 이 사건을 '무신 정변'이라고 해요. 하지만 무신 정권 시기에도 백성의 삶은 크게 나아지지 않았어요. 백성을 걱정해서 반란을 일으킨 게 아니었으니까요. 그동안 울분을 보상받으려는 듯 더 **특권**을 누리며 백성을 **억압**했어요. 그렇게 무신들은 100년 동안이나 권력을 잡고 고려를 좌지우지했어요.

- **모욕:** 남을 업신여기거나 깔보는 말이나 행동.
- **굴욕적:** 자존심이 상하고 부끄러움을 느끼게 하는 것.
- **반란:** 무력을 사용하여 정부나 통치자에게 저항하는 행위.
- **특권:** 일반인이 갖지 못한 특별한 권리나 혜택.
- **억압:** 강제로 눌러 자유롭게 행동하지 못하게 하는 것.

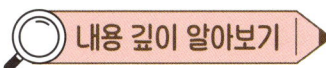

1. 알맞은 내용에 O표 하세요.

- 고려 시대에는 문신이 무신보다 높은 대우를 받았다. ( )
- 무신들은 궁중 행사에 참석할 때 말을 타고 다녔다. ( )
- 무신 정권 시기에 백성들의 삶은 크게 나아졌다. ( )

2. 내가 고려 시대 무신이었다면 어떤 기분이 들었을지 써 보세요.

한 줄 정리

고려 시대 무신에 대한 무시와 차별이 심해져 **무신 정변**이 일어났으며, **문벌 귀족**이 몰락하고 무신이 권력을 잡았다.

여기서 잠깐, 상식 노트

무신 정변 이후 무신들 사이에서도 권력 다툼이 일어났으나, 무신 정권은 이후 약 100년간 지속되었으며 특히 최충헌, 최우 부자가 이끄는 최씨 정권은 약 60년 동안 유지되었다.

정답: 1. O, X, X

배경지식 더하기

고려의 중심 세력 변화

처음 고려를 세울 때 왕건을 도운 이들은 '호족'이었다. 왕건은 이들과 혼인 관계를 맺고 힘을 합쳐 고려를 세웠다. 그러다 호족의 자손들이 중앙에서 관리가 되면서 '문벌 귀족'으로 성장했다. 문벌 귀족은 과거라는 시험에 합격하여 높은 관직을 차지했다. 이후 문벌 귀족의 횡포에 화가 난 무신들은 1170년 정중부를 중심으로 반란을 일으켰다. 무신은 문벌 귀족을 몰아내고 100년 가까이 고려를 다스렸다. 무신 집권기에 농민 수탈이 심해지자 하층민이 반란을 일으키기도 했다.

◆ 무신 집권기 하층민의 봉기 지역

☞ 결국 원나라(몽골)가 고려를 침략하면서 무신 정권은 무너졌다. 하지만 원나라의 간섭을 받게 된 고려에는 새로운 세력인 '권문세족'이 등장했다. 이들은 원나라와 친하게 지내며 큰 부와 권력을 얻었고, 백성을 힘들게 했다. 고려 말에는 부패한 권문세족에 반대하는 새로운 세력이 나타났다. 이들은 성리학이라는 새로운 학문을 공부하여 고려를 개혁하려 했던 '신진 사대부'이다. 결국 신진 사대부는 고려를 무너뜨리고 이성계와 함께 조선을 세우는 데 큰 역할을 했다.

◆ 고려 시대의 중심 세력 변화

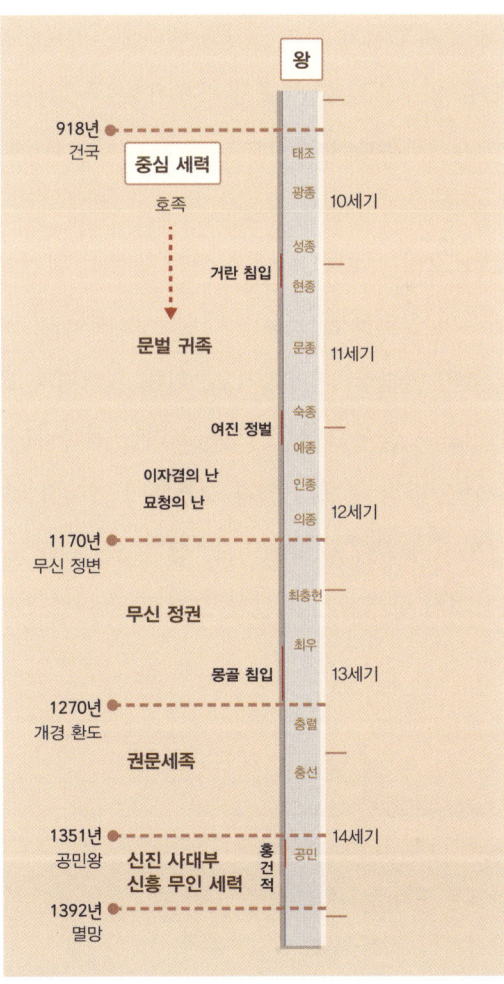

몽골의 침입과 삼별초의 항쟁

　고려 무신 정권 시대에 북쪽에서는 칭기즈 칸이 몽골 제국을 완성했어요. 칭기즈 칸의 몽골은 인류 역사상 가장 큰 땅을 차지했던 나라로, 아시아는 물론이고 유럽까지 정복한 최강 대국이었어요. 당시 몽골의 군대는 말을 타고 빠르게 이동하면서 활을 쏘는 **기마술**에 능했어요. 이런 강력한 군사력으로 주변 나라를 하나씩 정복해 나갔지요. 엄청난 힘을 자랑하던 몽골은 고려에도 많은 **공물**을 요구했어요. 그러다 몽골 사신 저고여가 고려를 방문했다 돌아가는 길에 죽는 일이 발생했는데, 몽골은 이 일을 명분으로 고려를 공격했어요.

　최씨 무신 정권은 곧 **수도**를 강화도로 옮기고 몽골과 싸울 준비를 했어요. 강화도는 섬이어서 바다가 익숙하지 않은 몽골군이 쳐들어오기 어려웠기 때문이에요. 강화도로 천도한 고려는 40년 동안 이어진 몽골의 침입에 맞서 끈질기게 버텨 냈어요. 하지만 전쟁이 길어지면서 고려 백성들은 매우 큰 고통을 겪었어요. 몽골군은 전국 각지를 돌며 마을을 파괴했어요. 피해가 커지자 고려는 결국 몽골과 강화를 맺고 다시 개성으로 돌아갔어요. 이후 고려는 원나라(몽골)의 간섭을 받게 되었고, 고려의 왕들은 원나라 황제의 딸과 결혼해야 했어요. 하지만 고려의 특수 부대인 '삼별초'는 끝까지 몽골에 대항했어요. 삼별초는 강화도에서 진도로, 다시 제주도로 **거점**을 옮기면서 항쟁했지만 결국 고려-몽골 연합군에 의해 정벌되었어요.

- **기마술:** 말을 타고 다루는 기술과 방법.
- **공물:** 백성들이 나라에 바치던 세금이나 물품.
- **수도:** 나라의 중심이 되는 도시로, 정치와 행정의 중심지.
- **거점:** 어떤 활동이나 세력의 중심이 되는 장소나 지역.

내용 깊이 알아보기

1. 몽골은 어떤 사건을 빌미로 고려를 공격했나요?

_____

_____

2. 최씨 무신 정권은 왜 수도를 강화도로 옮겼나요?

_____

_____

3. 삼별초는 거점을 어디로 옮겼나요?

_____

한 줄 정리

강력한 몽골의 침략에 고려는 **강화도**로 수도를 옮겨 저항했으나 결국 항복했고, **삼별초**는 제주도까지 이동하며 끝까지 항쟁했다.

여기서 잠깐, 상식 노트

삼별초는 좌별초, 우별초, 신의군으로 구성된 특수 군사 부대였다. 원래는 궁중 경비, 개경의 치안 유지, 왕실과 최씨 무신 정권의 호위를 담당했다. 삼별초는 몽골에게 항복하는 것을 거부하고 강화도에서 저항을 시작했으며, 이후 진도와 제주도로 거점을 옮겨 가며 끝까지 몽골에 맞서 싸웠다.

정답: 1. 몽골 사신 저고여가 고려를 방문했다가 돌아가는 길에 죽은 것. 2. 강화도는 섬이라서 육지에서 싸우기 어려웠기 때문에. 3. 강화도, 진도, 제주도.

배경지식 더하기

팔만대장경

👉 전쟁이 길어지면서 고려 백성들은 매우 큰 피해를 입었어요. 많은 백성이 죽거나 몽골로 끌려갔고, 소중한 문화재도 파괴되었어요. 특히 황룡사 구층 목탑과 대구 부인사에 보관 중이던 '초조대장경(고려 전기에 만든 불경)'이 불타 버렸어요. 초조대장경은 거란의 침입 때 만든 대장경으로, 부처님의 말씀에 의지해 국가의 어려움을 이겨 내려는 마음이 담겨 있었어요.

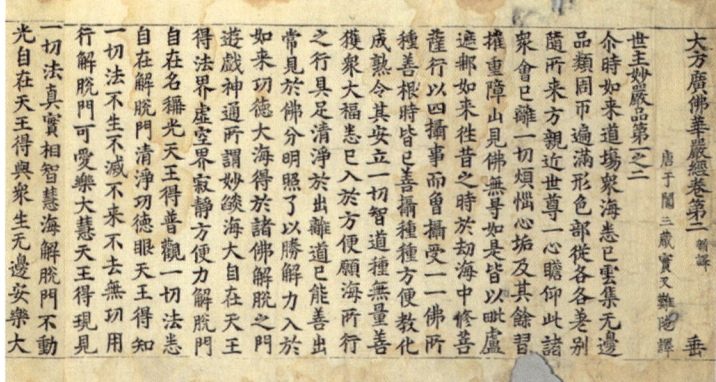

◆ 초조대장경　　　　　　　　　　　　　　　ⓒ국가유산포털

👉 초조대장경을 만든 후 정말로 거란이 물러가자 백성들은 부처님 덕분에 거란을 물리쳤다고 생각했어요. 그래서 고려 사람들은 몽골이 물러가기를 바라는 마음을 담아 다시 '팔만대장경'을 제작했어요. 팔만대장경은 당시 최고 권력자였던 최우의 지휘 아래 강화도에서 만들어졌으며, 완성되기까지 16년이나 걸렸어요. 팔만대장경은 현재 합천 해인사에 보관되어 있으며, 유네스코 세계 문화유산으로 지정될 만큼 소중한 우리 문화재예요.

◆ 팔만대장경

◆ 팔만대장경이 보관되어 있는 합천 해인사 장경판전

공민왕의 반원 자주 정책

　몽골은 나라 이름을 '원'으로 바꾸고 무려 100년 이상 고려에 간섭을 했어요. 원 간섭기 동안 원나라는 고려에게 많은 양의 **특산품**과 사냥용 매를 요구했고 제멋대로 고려 사람들을 원나라로 끌고 가기도 했어요. 특히 결혼을 하지 않은 처녀들을 '공녀'로 끌고 가는 경우가 잦았어요. 그래서 딸을 공녀로 보내지 않기 위해 **조혼**을 시키는 풍습이 생겨났어요. 딸을 원나라에 빼앗기느니 빨리 결혼시키는 게 낫다고 생각한 것이지요. 또한 원나라는 고려의 왕자를 어릴 때 원나라에 **인질**로 보내게 했어요. 그리고 원나라 공주와 결혼을 시켜 고려를 '사위의 나라'로 만들었어요. 공민왕도 열두 살부터 10년 동안 원나라에 인질로 잡혀 있었어요. 하지만 공민왕은 고려로 돌아와 왕이 된 후 몽골식 옷과 변발 등의 **풍습**을 금지시키면서 반원 자주 정책을 펼쳤어요.

　당시 고려의 공녀 출신으로 원나라의 황후가 된 기황후의 오빠 기철과 권문세족은 원나라의 권력을 등에 업고 권력을 휘두르고 있었어요. 공민왕은 먼저 기철을 **숙청**하여 왕권을 확립하고 원나라의 간섭에서 벗어나기 위한 개혁 정책을 실시했어요. 원나라가 고려를 통치하기 위해 세웠던 쌍성총관부를 공격해 옛 고려의 땅을 되찾기도 했지요. 하지만 공민왕은 원나라 사람이었던 부인 노국 대장 공주와는 사이가 무척 좋았어요. 노국 대장 공주도 공민왕의 개혁을 도와주는 것은 물론이고 친원파 신하들이 공민왕을 해치지 못하도록 지켜 주었어요.

- **특산품**: 특정 지역에서만 생산되는 독특한 물건이나 상품.
- **조혼**: 어린 나이에 일찍 결혼하는 것.
- **인질**: 어떤 조건이나 약속을 지키게 하려고 억류된 사람.
- **풍습**: 오랫동안 전해 내려오는 생활 습관이나 관습.
- **숙청**: 정치적 반대자나 경쟁자를 권력에서 제거하는 행위.

내용 깊이 알아보기

1. 원 간섭기에 조혼 풍습이 생긴 이유는 무엇인가요?

_____

_____

2. 공민왕이 펼친 반원 자주 정책을 세 가지 이상 써 보세요.

_____

_____

3. 공민왕의 부인은 누구였나요?

_____

한 줄 정리

고려는 원나라의 간섭으로 100년 이상 고통을 받았으며, 공민왕은 원나라의 간섭에서 벗어나기 위해 반원 자주 정책을 실시했다.

여기서 잠깐, 상식 노트

당시 원나라는 원나라에 충성하라는 뜻으로 왕 이름에 '충' 자를 사용하게 했다. 충렬왕, 충선왕, 충숙왕, 충혜왕, 충목왕, 충정왕 여섯 왕의 이름 앞에 '충' 자가 붙은 이유다. 하지만 공민왕부터는 왕의 이름에서 '충' 자를 쓰지 않았다.

정답: 1. 공녀로 끌려가지 않게 하기 위해. 2. 몽골식 옷차림 금지, 기철 숙청, 쌍성총관부 공격 등. 3. 노국 대장 공주.

배경지식 더하기

몽골풍과 고려양

👉 고려의 왕비가 원나라의 공주이다 보니 몽골의 여러 풍습이 고려에 전해지기도 했다. 당시 고려에 전해진 몽골 문화를 '몽골풍'이라고 하는데 몽골식 머리 모양인 변발을 하거나 몽골식 옷을 입은 사람도 있었다. 아직까지도 몽골의 풍속 중 일부가 우리나라에 남아 있다. 대표적으로 우리나라 전통 혼례에서 신부가 머리 위에 쓰는 족두리와 볼과 이마에 찍는 연지 곤지 등이 몽골에서 전해진 문화이다.

◆ 「천산대렵도」: 공민왕이 그렸다고 알려진 그림으로, 그림 속 남자는 몽골식 머리(변발)와 옷차림을 하고 있음

ⓒ우리역사넷

◆ 족두리   ⓒ전통문화포털

☞ 반대로 원나라에도 공녀로 끌려간 고려 사람들을 통해 고려의 풍속이 유행했다. 이를 '고려양'이라고 불렸는데 고려청자, 나전 칠기와 같은 우리나라의 예술품들이 큰 인기를 끌었다.

◆ 고려청자

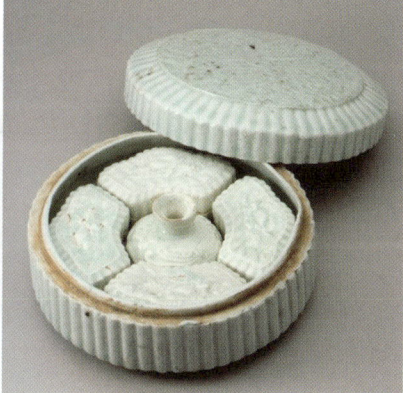
◆ 고려청자 분합

◆ 나전 칠기

ⓒ국가유산포털

우리나라의 도자기 발달

　백제 시대부터 인정받은 우리나라의 도자기 만드는 기술은 고려 시대에 들어서며 더 크게 발전했어요. 고려 시대에는 푸른빛을 띠는 도자기인 청자가 유행했어요. 비색이라고 불리는 맑고 깊은 비취색 유약은 세계적으로 인정받는 고려청자만의 특징이에요. 고려청자 중에서도 가장 유명한 것은 '상감 청자'예요. 상감 기법은 도자기 **표면**에 무늬를 새긴 후 그 자리에 흰색이나 검은색 흙을 메워 넣는 방법인데, 이런 기법으로 만든 청자는 우리만의 독특하고 아름다운 도자기 기술을 보여 줘요. 청자에는 구름, 학, 연꽃, 모란 등 다양한 무늬가 새겨졌는데, 이를 통해 자연을 사랑하는 고려인의 마음을 엿볼 수 있어요.

　고려 말기에는 분청사기가 등장했어요. 분청사기는 청자와 백자의 중간 단계로, 거친 흙으로 만든 도자기 위에 하얀 흙물을 발라 만들었어요. 분청사기는 청자처럼 정교하지는 않지만 자유롭고 **소박한** 아름다움이 특징이에요.

　이후에는 백자가 **주류**가 되었어요. 조선백자는 순백의 아름다움과 **단아한** 선이 특징이에요. 화려한 장식 대신 간결하고 소박한 형태를 추구했는데, 이는 조선 시대 유교 사상에서 중시했던 검소함과 관련이 있어요. 조선백자 중 완벽한 형태와 맑고 깨끗한 백색을 띤 달 항아리는 전 세계에서 그 가치를 인정받고 있어요. 또한 조선 후기에는 청화 백자가 발달했는데, 이는 백자에 푸른색 **안료**로 그림을 그린 도자기였어요.

- **표면:** 사물의 겉에 드러난 부분.
- **소박한:** 꾸밈이나 화려함 없이 자연스러운 모양.
- **주류:** 가장 중심이 되거나 많은 비중을 차지하는 것.
- **단아한:** 모양이나 태도가 깔끔하고 단정하면서도 품위가 드러나는 분위기.
- **안료:** 물건에 색을 입히기 위해 사용하는 색깔이 있는 가루나 물질.

내용 깊이 알아보기

1. 우리나라 도자기의 특징을 간략히 정리해 보세요.

- 고려청자: _____

- 분청사기: _____

- 조선백자: _____

- 청화 백자: _____

2. 상감 기법이란 무엇인가요?

_____

_____

한 줄 정리

고려 시대의 비취색 청자와 조선 시대의 순백색 백자는 각 시대의 미적 감각과 문화를 보여 주는 소중한 유산이다.

여기서 잠깐, 상식 노트

백제는 일본에게 도자기를 만드는 방법을 전수하였다. 우리나라의 도자기 만드는 기술을 부러워했던 일본은 훗날 임진왜란 때 많은 도공을 일본으로 끌고 가기도 하였다.

🔑 정답: 1. 고려청자: 푸른색을 띠는 도자기, 비취색 광택. 분청사기: 청자의 백토의 분장 도자, 자유롭고 소박함. 조선백자: 순백색, 맑고 깨끗한 아름다움과 단아함 및, 실용적이고 소박한 형태. 청화 백자: 조선 후기, 백자에 푸른색으로 그림을 그린 도자기. 2. 상감 기법: 도자기 표면에 무늬를 새긴 후 그 자리에 흰색이나 검은색 흙을 메워 넣는 기법.

배경지식 더하기

아름다운 우리나라의 도자기

우리나라의 도자기의 역사는 선사 시대부터 시작되지만, 본격적인 발전은 삼국 시대에 이루어졌다. 백제 도자기는 중국 도자기의 영향을 받았으나 더 세련된 형태로 발전했고, 일본에 전수되기도 하였다. 은은한 비취색이 특징인 고려 시대 상감 청자는 세계적으로도 인정받는 독특한 색채로 고려인의 독창적인 기술을 보여 준다.

◆ 고려청자

◆ 분청사기

ⓒ국가유산포털

☞ 조선 시대의 백자는 조선 전기부터 발전하기 시작했으나, 임진왜란으로 많은 도공들이 일본에 끌려가면서 잠시 침체기를 겪었다. 그럼에도 18세기에 다시 전성기를 맞이하여 순백의 아름다움을 극대화한 백자들이 제작되었다.

◆ 조선백자

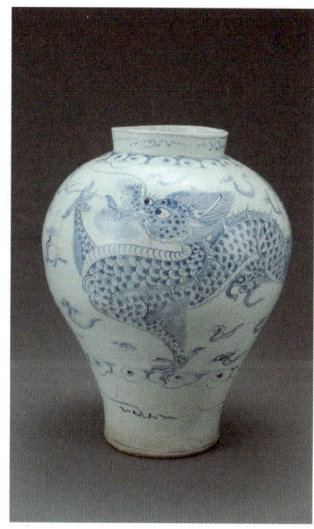

◆ 청화 백자

◆ 달 항아리

ⓒ국가유산포털

위화도 회군과 조선의 건국

　고려 말기 중국에서는 원나라를 밀어내고 명나라가 세력을 넓히고 있었어요. 명나라는 공민왕 때 되찾았던 땅을 다시 내놓으라며 고려를 못살게 굴었어요. 그러자 최고의 권력자였던 최영 장군과 고려의 왕은 이성계에게 명나라를 공격하라고 명령했어요. 이성계는 당시 홍건적과 왜구를 물리치면서 **명성**을 얻은 고려 최고의 장군이었거든요. 그러나 이성계는 네 가지 이유를 들며 '요동 정벌'에 반대했어요.

이성계의 4불가론
1. 작은 나라가 큰 나라를 공격하는 것은 불가합니다.
2. 여름철에 군사를 동원하면 농사에 지장을 줄 수 있어 불가합니다.
3. 많은 군사를 요동으로 보내면 왜구가 쳐들어올 수 있어 불가합니다.
4. 장마철이라 활을 붙여 놓은 아교가 녹고 전염병이 돌 수 있어 불가합니다.

　왕은 이성계의 말을 받아들이지 않았어요. 할 수 없이 이성계는 군사를 이끌고 요동으로 떠났어요. 그러나 위화도에 도착한 군사는 장마로 강물이 불어나 더 이상 갈 수 없었어요. 또한 여름철이라 많은 군인이 어려움을 **호소**했어요. 이성계는 개경으로 사람을 보내 군사를 돌릴 수 있게 해 달라고 요청했지만 거절당했어요. 이대로는 명나라와 싸워도 이길 수 없다고 판단한 이성계는 결국 왕의 명령을 어기고 위화도에서 군사를 돌렸어요. 이를 '위화도 회군'이라고 해요. 개경으로 돌아온 이성계는 우왕을 폐위시키고 정권을 장악했어요.

- **명성**: 세상에 널리 알려진 좋은 이름과 평판.
- **동원**: 어떤 일을 위해 사람이나 물자를 모으고 움직이게 함.
- **아교**: 동물의 가죽, 뼈 등을 푹 끓여서 만든 접착제.
- **호소**: 어려운 상황이나 감정을 간절히 말하며 도움을 청함.

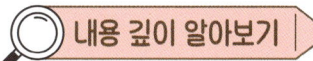 내용 깊이 알아보기

1. 알맞은 내용에 O표 하세요.

- 이성계는 요동 정벌에 찬성했다. ( )
- 이성계는 명나라를 공격하기 전에 위화도에서 회군했다. ( )
- 이성계는 왕을 폐위시키고 정권을 장악했다. ( )

2. 내가 이성계였다면 왕에게 어떤 편지를 썼을지 4불가론이 들어간 편지를 써 보세요.

한 줄 정리

고려 말 이성계는 명나라와 싸우라는 명령을 받고 떠났다가, 위화도에서 군대를 돌려 개경으로 돌아와 정권을 장악했다.

여기서 잠깐, 상식 노트

위화도 회군(1388년) 이후 이성계는 단계적으로 권력을 장악했다. 먼저 최영을 제거하고, 고려 우왕을 폐위시켰으며, 창왕을 거쳐 공양왕을 내세웠다. 공양왕 시기에는 정도전을 중심으로 한 신진 사대부가 개혁 정치를 추진했다. 1392년 7월, 이성계는 마침내 공양왕을 폐위시키고 새 왕조 조선을 건국했다. 위화도 회군에서 조선 건국까지는 약 4년의 시간이 걸렸다.

배경지식 더하기

조선의 건국 과정

☞ 당시 고려는 원 간섭기에 원나라를 등에 업고 권력을 누렸던 권문세족이 백성을 착취하고 있었다. 이렇게 부패한 고려를 개혁하려는 세력이 바로 신진 사대부였다. 신진 사대부는 유교의 성리학을 공부했고 과거에 급제하여 관리가 된 똑똑한 사람들이었다. 성리학을 바탕으로 고려를 개혁하려고 했던 신진 사대부는 위화도 회군으로 군사력을 장악한 이성계와 손을 잡고 고려를 개혁하고자 하였다.

◆ 이성계 영정

◆ 이성계의 위화도 회군

☞ 하지만 신진 사대부 사이에서 개혁의 방법을 둘러싸고 갈등이 생겨났다. 온건파 정몽주 세력은 고려 왕조를 유지하면서 개혁해야 한다고 생각했고, 급진파 정도전 세력은 고려가 너무 부패하였기 때문에 고려를 멸망시키고 아예 새로운 나라를 세워야 한다고 생각한 것이다. 이에 이성계의 아들 이방원은 정몽주에게 새로운 나라를 만들자며「하여가」를 지어 보냈으나, 정몽주는 고려에 충성하는 마음을 담아「단심가」로 답하였다. 결국 정몽주는 이방원에 의해 제거되고 1392년, 새로운 나라 '조선'이 세워졌다.

하여가
이방원
이런들 어떠하리 저런들 어떠하리
만수산 드렁칡이 얽혀진들 어떠하리
우리도 이처럼 얽혀 백 년까지 누리리라.

단심가
정몽주
이 몸이 죽고 죽어 일백 번 고쳐 죽어
백골이 진토되어 넋이라도 있고 없고
임 향한 일편단심이야 가실 줄이 있으랴.

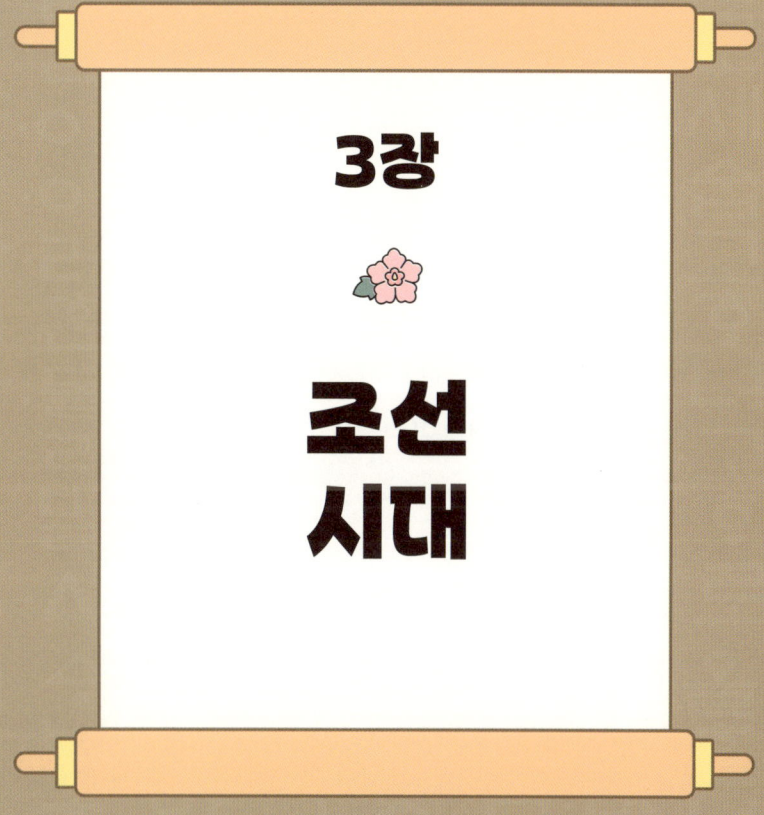

3장
조선 시대

- 고려가 끝나고 조선이라는 새로운 나라가 건국되었어요. 조선은 예의범절을 중시하는 유교 국가였고, 백성을 소중히 여기는 민본 정치가 이루어진 나라였어요. 과학 기술이 발달한 과학 강국이었고, 기록을 하고 관리하는 일을 무엇보다 중요시했어요. 세종 대왕, 이순신, 퇴계 이황, 율곡 이이, 신사임당 등 우리나라 지폐에 새겨진 위인들도 모두 조선 시대 사람들이에요.

- 이처럼 조선은 찬란한 문화를 꽃피웠지만 동시에 여러 시련도 겪었어요. 임진왜란과 정유재란으로 큰 피해를 입었고, 정치적 갈등인 당쟁도 있었답니다. 하지만 그때마다 위기를 슬기롭게 극복했어요. 조선 왕조 500년 동안 어떤 일들이 일어났을까요?

유교 정신으로 만들어진 조선

태조 이성계는 **급진** 개혁파였던 정도전과 손을 잡고 조선을 건국했어요. 두 사람은 조선을 고려와는 완전히 다른 새로운 나라로 만들려고 했어요. 고려는 불교를 따르는 나라였지만 조선은 철저한 유교 질서를 따르는 나라로 만들려고 했지요. 도읍도 개경에서 한양으로 옮겼어요. 한양은 지금의 서울이에요. 당시 조선의 중앙에 자리하고 있던 한양은 한강이 흘러 교통이 편리하고 물자를 이동시키기에도 유리했어요. 큰 강을 끼고 있으니 농사짓기에도 알맞았지요. 또한 주변이 산으로 둘러싸여 적의 공격을 막는데도 **용이**했어요.

이성계는 정도전에게 새로운 도읍인 한양을 건설하는 일을 전적으로 **위임**했어요. 정도전은 경복궁, 종묘, 사직단 등의 중요한 건물의 위치를 설계했고, 도성으로 들어가는 네 개의 출입문 이름도 유교에서 지켜야 할 **덕목**으로 강조하는 '인, 의, 예, 지'를 넣어 지었어요. 조선은 나라의 근본이 백성에게 있다는 유교의 가르침에 따라 백성을 잘 돌보는 정치를 하려고 노력했어요. 왕과 관리뿐 아니라 백성도 유교의 예절을 따르도록 했어요. 그래서 조선에서는 부모에게 효도하고, 나라에 충성하며, 어른을 공경하는 것을 최고의 덕목으로 여겼어요. 훗날 한글을 창제한 세종 대왕은 백성이 유교의 가르침을 알고 실천할 수 있도록 그림이 들어간 『삼강행실도』를 **편찬**하기도 했어요. 또한 일고여덟 살이 되면 아이들이 서당에 다니며 글자와 함께 유학을 배우도록 했어요.

- **급진**: 빠르고 근본적인 변화를 추구하는 성향.
- **용이**: 어렵지 않고 매우 쉬움.
- **위임**: 자신의 일이나 권한을 다른 사람에게 맡김.
- **덕목**: 사람이 지켜야 할 도덕적 가치나 행동 기준.
- **편찬**: 여러 자료를 모아 책이나 문서를 만드는 일.

🔍 내용 깊이 알아보기

1. 고려가 개경에서 한양으로 도읍을 옮긴 이유는 무엇인가요?

_____

_____

2. 유교에서 지켜야 할 네 가지 덕목 인, 의, 예, 지를 바르게 연결해 보세요.

1) 인(仁) •   • ⓐ 사람을 사랑하고 측은히 여기는 어진 마음.

2) 의(義) •   • ⓑ 사회 질서를 유지하기 위한 올바른 행동 규범과 예절.

3) 예(禮) •   • ⓒ 옳고 그른 것을 분별할 수 있는 지혜와 판단력.

4) 지(智) •   • ⓓ 올바른 도리를 지키고 정의롭게 행동함.

한 줄 정리

태조 이성계와 정도전은 불교 대신 유교를 기반으로 한 조선을 건국하고, 한양으로 도읍을 옮겼다.

여기서 잠깐, 상식 노트

정도전은 유교의 가르침에 따라 백성을 중심에 둔 국가를 운영하고자 했으며, 재상 중심의 나라를 만들고자 했다. 그러나 이성계의 아들 이방원은 임금이 중심이 되는 정치를 해야 한다고 생각했다. 이 일로 정도전과 이방원은 사이가 나빠졌고, 이방원은 자신이 왕이 되기 위해 '왕자의 난'을 일으켜 형제들과 정도전을 제거하였다.

배경지식 더하기

유교 사상이 담겨 있는 한양

📋 조선 건국 초기 정도전이 설계한 한양은 풍수지리와 유교 이념이 결합된 계획도시였다. 한양의 사대문과 보신각에도 유교의 덕목이 담겨 있다.

인의예지신(仁義禮智信)
사람이 항상 갖추어야 하는 다섯 가지 도리.
어질고, 의롭고, 예의 있고, 지혜로우며, 믿음이 있어야 한다는 의미이다.

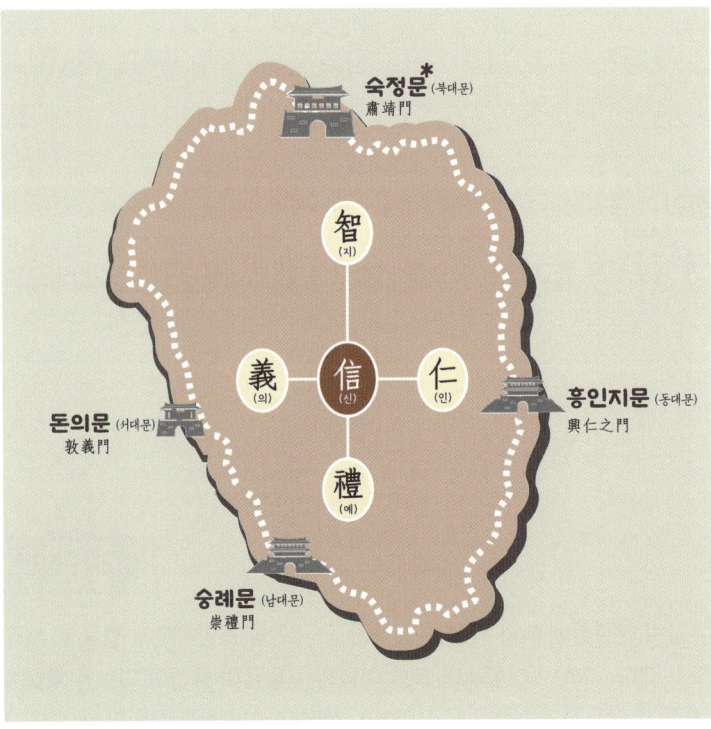

◆ 숭례문, 돈의문, 흥인지문, 숙정문, 보신각

*숙정문: 지혜를 공경한다는 뜻을 담고 있음

📖 세종 대왕은 백성들이 쉽게 유교의 가르침을 알고 실천할 수 있도록 『삼강행실도』를 편찬하였다. '삼강'이란 유교에서 가장 중요하게 생각하는 세 가지 인간관계의 도리를 말한다.

군신유의(君臣有義)
임금과 신하 사이에는 의리가 있어야 한다.
부자유친(父子有親)
아버지와 아들 사이에는 친함이 있어야 한다.
부부유별(夫婦有別)
남편과 아내 사이에는 구별이 있어야 한다.

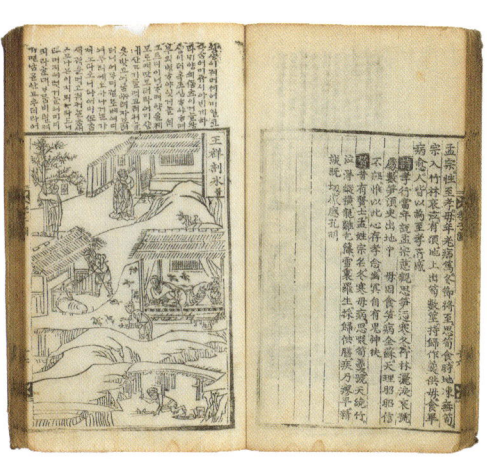

◆ 『삼강행실도』

ⓒ국립중앙박물관

조선 최고의 성군, 세종 대왕

왕권을 강화시킨 태종의 노력 덕분에 조선은 차차 안정을 찾았어요. 그리고 태종의 뒤를 이어 우리나라 역사상 최고의 **성군**이 왕으로 **즉위**하지요. 바로 한글을 **창제**한 세종 대왕이에요. 세종 대왕은 누구보다 백성을 사랑한 왕이었어요. 당시 우리나라는 글자가 없어 중국의 한자를 사용하고 있었는데, 중국어와 우리말이 달라 글로 표현하는 데 어려움이 많았어요. 한자가 어려워 백성들이 배우기는 더욱 힘들었지요. 글을 읽지 못하는 백성이 억울한 일을 당하는 것을 안타깝게 여긴 세종 대왕은 백성들이 쉽게 배울 수 있는 글자인 '훈민정음'을 만들었어요.

훈민정음은 자음 17자와 모음 11자, 총 28자로 구성되어 있어요. 자음은 발음 기관의 모양을 본떠서 기본 글자 5개를 만들고 기본 글자에 획을 더하거나 모양을 달리하는 방법으로 만들어졌어요. 모음은 하늘, 땅, 사람을 본뜬 3개의 기본 글자를 바탕으로 만들어졌어요. 훈민정음은 수백, 수천 자를 외워야 했던 한자와 달리 28개의 글자만 있으면 모든 우리말을 글로 쓸 수 있는 매우 과학적인 글자예요. 또 전 세계에서 유일하게 누가, 언제, 왜 만들었는지 정확히 알려진 글자이기도 해요. 당시 일부 신하들은 글자를 만드는 것을 반대하였지만 세종 대왕은 백성을 위해 훈민정음을 **반포**했어요. 누구나 쉽게 배울 수 있는 훈민정음 덕분에 백성들은 자신의 생각을 글로 나타낼 수 있게 되었고, 우리 민족의 문화는 더욱 발전할 수 있었어요.

- **성군:** 백성을 위해 바르게 다스리는 훌륭한 임금.
- **즉위:** 왕이나 황제의 자리에 오름.
- **창제:** 전에 없던 것을 처음 만들거나 제정함.
- **반포:** 정부나 기관이 공식적으로 널리 알리고 시행함.

내용 깊이 알아보기

1. 세종 대왕이 훈민정음을 반포하기 전 우리나라에는 어떤 어려움이 있었나요?

_____

2. 훈민정음의 자음과 모음은 무엇을 본떠 만들었나요?
- 자음: _____

- 모음: _____

3. 한글이 특별한 이유는 무엇인가요?

_____

_____

한 줄 정리

<mark>세종 대왕은 백성들이 쉽게 배울 수 있도록 자음 17자와 모음 11자, 총 28자의 과학적인 글자 훈민정음을 창제하여 우리 민족 문화 발전의 토대를 마련했다.</mark>

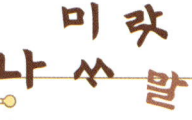

여기서 잠깐, 상식 노트

최초의 훈민정음은 현재의 한글과 모양이 약간 달랐다. 세종 사후, 실제 사용하면서 일부 글자가 사라지고 체계가 정리되어 현재의 한글이 되었다. 현재 한글은 자음 14자와 모음 10자, 총 24자로 구성되어 있다.

정답: 1. 우리나라 글자가 없어 중국의 한자를 사용했다. 2. 자음: 발음 기관의 모양, 모음: 하늘, 땅, 사람 3. 전 세계에서 유일하게 누가, 언제, 어떻게 만들었는지 정확한 원리를 알려진 문자이다.

배경지식 더하기

세종 대왕의 업적

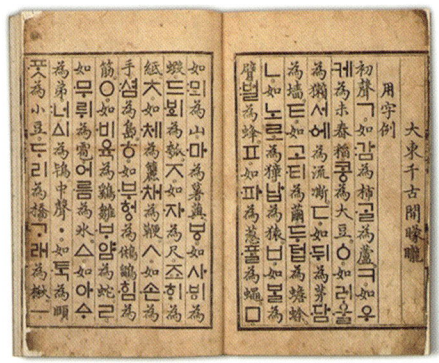

'백성을 가르치는 바른 소리'라는 뜻의 훈민정음은 1443년(세종 25년)에 창제되어 1446년에 공식 반포되었다. 당시 『훈민정음』이라는 책으로 발행되었으며, 글자의 제작 원리를 설명한 『훈민정음 해례본』도 함께 간행되었다.

◆ 『훈민정음 해례본』 ⓒ국립중앙박물관

어려서부터 책 읽기를 좋아하고 똑똑했던 세종 대왕은 한글 창제뿐 아니라 과학, 천문학, 의학, 음악 등 다양한 분야에서 많은 업적을 남겼다. 세종 대왕은 백성을 사랑하는 마음으로 농사법을 정리하여 『농사직설』이라는 책을 펴냈고, 장영실 등 여러 신하를 등용해 백성의 생활에 도움이 되는 과학 기구를 만들게 했다. 그 결과 해시계 앙부일구, 물시계 자격루 등을 만들었고 빗물의 양을 측정하는 측우기도 발명했다. 또한 해와 달, 별의 움직임과 위치를 관찰하는 혼천의를 만들어 천체의 움직임을 관찰했다.

◆ 앙부일구 ⓒ국가유산포털

◆ 측우기　　　　　　　　◆ 혼천의

©국가유산포털

📜 세종 대왕은 군사적으로 강한 나라를 만드는 데에도 힘을 써 왜구를 물리치고 쓰시마섬(대마도)을 정벌하였으며, 여진을 몰아내고 4군 6진을 설치하여 나라 안팎을 튼튼하게 만들었다.

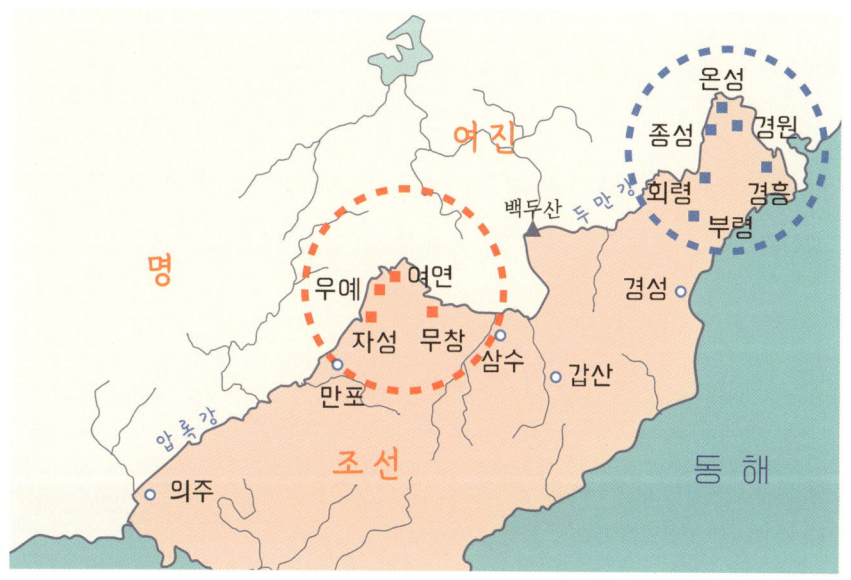

◆ 4군 6진 개척 지도

불운한 왕 단종

　세종이 사망한 뒤 세종의 첫째 아들 문종이 왕이 되었어요. 그런데 문종이 왕이 된 지 2년 만에 사망하면서 문종의 아들 단종이 만 열 살이라는 어린 나이에 왕위를 물려받게 되었어요. 왕자로 태어나 왕이 되었지만 단종은 기구한 운명이었어요. 태어나자마자 어머니가 돌아가셨고, 아버지마저 잃었지요. 단종은 의지할 만한 어른이 없었어요. 단종의 작은 아버지이자 세종의 둘째 아들이었던 수양 대군은 조카인 단종을 보호해 주기는커녕 오히려 권력을 쥐기 위해 계유정난을 일으켰어요. 수양 대군은 계유정난으로 단종을 보필하던 원로대신들을 제거하고 권력을 장악했어요. 단종은 허수아비 같은 왕이 되었지요. 수양 대군의 압력에 견디지 못한 단종은 결국 왕위를 **양위**하며 **상왕**으로 물러났고, 수양 대군은 조선 제7대 왕, 세조가 되었어요. 단종에게 충성하던 신하들은 세조가 단종의 왕위를 빼앗은 것이나 다름없다고 여겨 세조를 왕으로 받아들이지 않았었어요. 일부 신하들은 세조 밑에서 벼슬을 할 것을 거부하며 **조정**을 떠났어요. 또 다른 신하들은 단종의 **복위**를 꾀하다가 **발각**되어 죽임을 당했어요.

　벼슬을 떠나 숨어 살며 단종에게 끝까지 충성을 다한 김시습, 남효온, 원호, 이맹전, 조려, 성담수 여섯 신하를 '생육신', 세조에게 죽임을 당하면서도 충절을 지킨 성삼문, 박팽년, 이개, 하위지, 유응부, 유성원 여섯 신하를 '사육신'이라고 불러요.

- **양위**: 왕이 자신의 자리를 다른 사람에게 넘겨주는 것.
- **상왕**: 왕위를 물려준 후에도 실권을 가지고 있는 이전 왕.
- **조정**: 왕과 신하들이 모여 나라의 일을 논의하고 결정하는 곳이나 기관.
- **복위**: 왕위에서 물러났다가 다시 돌아오는 것.
- **발각**: 숨겨진 일이나 잘못이 드러나 알려지게 됨.

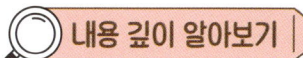 **내용 깊이 알아보기**

1. 알맞은 내용에 O표 하세요.
- 단종은 세종의 아들이다. ( )
- 계유정난은 수양 대군이 일으킨 정변이다. ( )
- 생육신은 세조에게 죽임을 당한 여섯 신하이다. ( )

2. 단종이 어린 나이에 왕위를 물려받은 이유는 무엇인가요?

_____

_____

3. 다음 중 사육신에 속하지 않는 인물은?
① 성삼문   ② 박팽년
③ 김시습   ④ 유성원

한 줄 정리

어린 나이에 왕위에 오른 단종은 작은 아버지 수양 대군이 일으킨 계유정난으로 왕의 자리를 빼앗겼다.

여기서 잠깐, 상식 노트

단종은 세조가 왕위에 오른 후 상왕으로 물러났다가 노산군으로 강등되었다. 이후 조선 말기인 1698년(숙종 24년)에 이르러서야 단종으로 복권되었다. 오늘날 단종은 비극적 운명의 소년 왕으로, 생육신과 사육신은 충절의 상징으로 기억되고 있다.

배경지식 더하기

『경국대전』을 완성한 성종

세조는 조카를 폐위시키고 왕위를 차지했지만 포악하기만 한 왕은 아니었다. 왕위에 오른 뒤 유교를 바탕으로 한 법전을 만들기 시작했다.

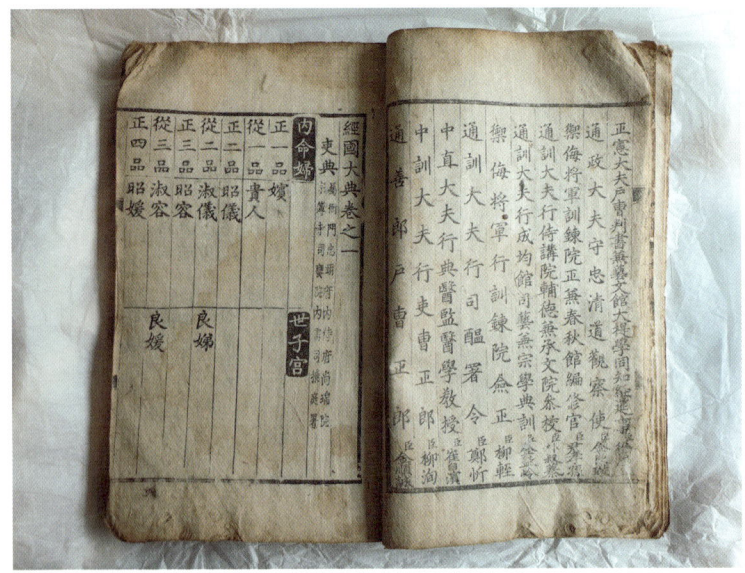

◆ 『경국대전』 ©국립중앙박물관

조선의 기본 법전인 『경국대전』에는 나라를 다스리는 데 필요한 세금, 왕실 행사, 군대, 형벌 등은 물론이고 남자는 15세, 여자는 14세가 되어야 혼인을 할 수 있다거나 아내가 죽은 후 3년이 지나야 새로 장가를 갈 수 있다는 등 백성의 생활에 밀접한 내용까지 담겨 있다. 부모가 아프거나 나이가 많으면 아들의 군대를 면제해 주는 제도가 있었고, 노비 여성의 출산 휴가 80일을 보장하고 필요에 따라 남편도 15일까지 휴가를 신청할 수 있는 등 현대 사회에서 볼 수 있는 복지 제도까지 포함하고 있었다. 이러한 『경국대전』은 세조 때 만들어지기 시작해 예종을 거쳐 성종 때 완성되었다.

한편, 세조의 손자였던 성종은 세조가 없앴던 집현전과 같은 기능을 하는 홍문관을 만들어 학자들과 함께 학문을 연구했다. 또한 각 지역의 지리와 풍속을 정리한 『동국여지승람』과 역사서인 『동국통감』, 음악책인 『악학궤범』 등을 편찬하며 조선의 문화 발전에 큰 업적을 남겼다.

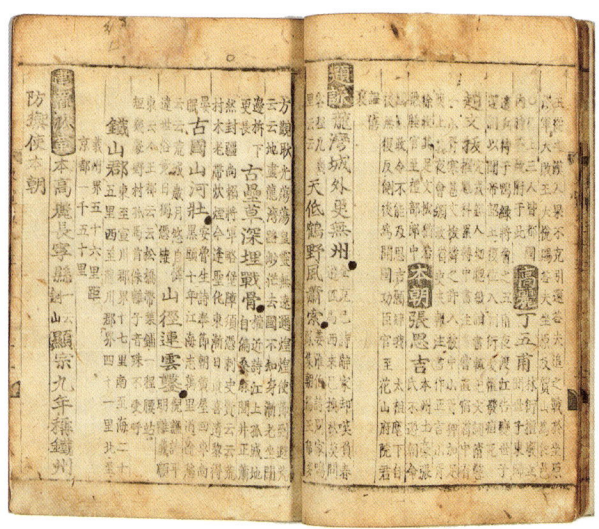

◆ 『동국여지승람』

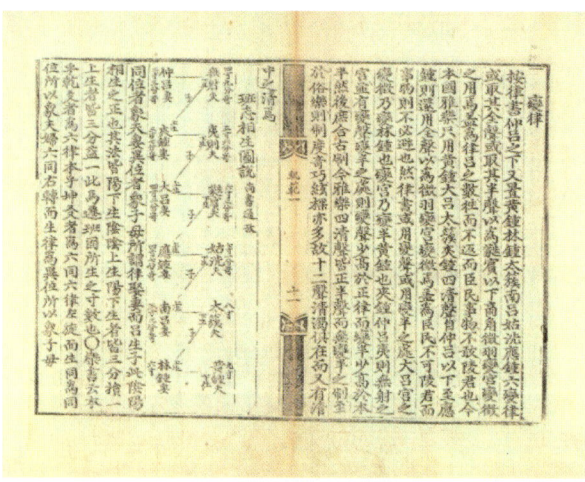

◆ 『악학궤범』

ⓒ국립중앙박물관

연산군과 광해군

태조, 태종, 세종 등 우리에게 알려져 있는 왕의 이름은 사실 '묘호'라고 해서 후대 사람들이 생전의 업적을 기리며 붙여 준 이름이에요. 그런데 조선 시대에는 묘호를 받지 못한 왕이 두 명 있어요. 바로 연산군과 광해군이지요. 이 두 사람은 왕으로 인정받지 못해서 조선 시대 왕실의 기록인 『조선왕조실록』에도 연산군과 광해군 시대는 '실록'이 아닌 '일기'라고 기록되어 있어요. 그렇다면 이 두 사람은 왜 **폐위**가 된 것일까요?

조선의 10대 왕이었던 연산군은 조선 역사상 최악의 **폭군**이었어요. 연산군은 『경국대전』을 완성한 성종과 중전 윤씨의 첫째 아들이에요. 그런데 연산군의 어머니 윤씨는 투기심 때문에 중전 자리에서 폐위되었어요. 폐위된 이후에도 반성의 **기미**가 없자 성종은 폐비 윤씨에게 사약을 내려 죽게 했어요. 왕이 된 후에야 이 사실을 알게 된 연산군은 어머니를 폐위시키고 사약을 내리는 것에 찬성했던 신하들을 마구 죽이며 포악한 행동을 일삼았어요. 제멋대로 행동하는 연산군을 더는 두고 볼 수 없었던 신하들은 연산군을 몰아내고 중종을 왕으로 세웠어요.

조선 왕 중 두 번째로 폐위된 광해군은 조선의 제15대 왕이었어요. 광해군도 **정적**을 숙청하는 과정에서 많은 사람을 죽였고, 명나라를 배척하고 후금과 친하게 지낸다는 이유로 신하들에 의해 쫓겨났어요. 하지만 폭군이었던 연산군과 달리 광해군은 정치 세력 다툼 때문에 밀려났다고 보는 **견해**도 있어요.

- **폐위**: 왕이나 왕비 등의 자리에서 쫓겨나는 것.
- **폭군**: 백성들을 힘으로 억누르고 나쁘게 다스리는 왕.
- **기미**: 눈에 잘 안 보이는 작은 변화나 상황을 눈치채는 것.
- **정적**: 정치에서 서로 반대 생각을 가진 경쟁자.
- **견해**: 어떤 일에 대한 자신의 생각이나 의견.

내용 깊이 알아보기

1. 왕이 돌아가신 후에 업적을 기려 붙여 주는 이름을 무엇이라고 할까요?

_____

2. 다음 중 조선 시대에 실록이 아닌 일기로 기록된 왕은 누구인가요?

① 태조 ② 세종
③ 광해군 ④ 숙종

3. 연산군과 광해군이 폐위된 이유를 써 보세요.

• 연산군: _____

• 광해군: _____

한 줄 정리

조선 시대 연산군과 광해군은 **폐위**되어 '군'으로 불리고 왕의 **묘호**를 받지 못했다.

여기서 잠깐, 상식 노트

연산군은 역사에서 폭군으로 기억되지만, 광해군은 최근 뛰어난 외교 정책을 펼친 능력 있는 왕으로 재평가를 받고 있다.

배경지식 더하기

조선 시대 최악의 폭군

어머니 폐비 윤씨의 사건 이후 급격히 폭군으로 변모한 것으로 알려진 연산군은 무오사화*와 갑자사화*를 일으키며 많은 선비를 죽게 하였다. 또한 유흥에 빠져 나랏일을 등한시했다. 연산군은 도성과 가까운 곳에 금표비를 세워 백성들의 출입을 막고 사냥을 즐기며 백성들을 불편하게 하기도 했다.

◆ 연산군 금표비: 금표 안으로 들어온 자는 처벌하겠다는 내용의 비석

ⓒ국가유산포털

*사화: 조선 시대에 왕이나 권력자들이 자신의 정치적 반대파인 학자들과 관리들을 죽이거나 내쫓은 사건

☞ 또한 연산군은 전국에서 얼굴이 예쁘고 가무가 뛰어난 여성들을 뽑아 궁궐에 들이도록 했는데 이들을 흥청이라고 불렀다. 연산군은 매일 흥청과 어울려 놀며 사치를 일삼았다. 당시 백성들은 '흥청'이 나라를 망치게 하는 '망청'이 되었다고 생각했다. 그때부터 돈을 아끼지 않고 마구 쓰며 함부로 즐기는 것을 '흥청망청'이라고 말하게 되었다. 흥청망청하며 나라를 돌보지 않던 연산군은 결국 신하들에 의해 폐위되어 귀양을 가게 되었고, 귀양 간 곳에서 사망하였다.

◆ 연산군 묘

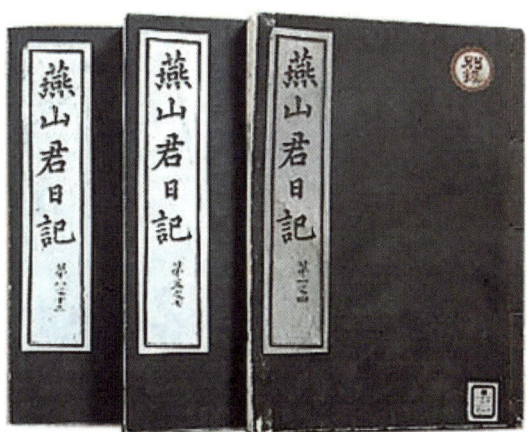

◆ 『연산군일기』

ⓒ국가유산포털

임진왜란

　조선의 역사를 배우다 보면 전기와 후기라는 말을 듣게 될 거예요. 그럼 조선 역사를 전기와 후기로 나누는 데 결정적인 계기가 된 사건이 있어요. 바로 '임진왜란(1592년)'이에요. 임진왜란은 임진년에 일본이 일으킨 난이라는 뜻으로, 1592년에서 1598년까지 2차에 걸쳐 일본이 조선을 **침략**한 사건이에요.

　이 무렵 조선은 150년 가까이 큰 전쟁 없는 시기가 계속되었어요. 하지만 겉으로는 평화로워 보였지만 내부적으로는 훈구파와 사림파로 나뉘어 정치적으로 분열이 날로 심각해졌고, 군사적 대비도 **허술**했어요. 무기와 성도 제대로 관리되지 않았지요. 일본은 100년 동안 이어진 **내전**으로 혼란스러운 상황이었지만 일본을 통일한 도요토미 히데요시는 자신의 위업을 과시하고 권력을 유지하기 위해 조선을 지나 명나라까지 차지하려는 큰 계획을 세웠어요. 그러고는 조선에 사신을 보내 조선의 왕에게 명나라를 정벌할 테니 길을 내주고 협력하라고 요구했어요. 선조가 이 제안을 거절하자 왜군은 부산을 공격하기 시작했고, 부산진과 동래성은 최신식 무기인 **조총**을 든 왜군에게 하루 만에 함락당했어요. 조선의 수도인 한양도 20일 만에 점령당했어요. 이에 선조는 한양을 버리고 의주까지 **피란**을 가서 명나라에게 **원군**을 요청했어요. 이렇게 시작된 임진왜란은 조선의 역사를 완전히 바꾸어 놓은 큰 사건이 되었어요.

- **침략:** 다른 나라를 무력으로 공격하여 들어가는 것.
- **허술:** 단단하지 않고 빈틈이 많아 약한 상태.
- **내전:** 한 나라 안에서 일어나는 싸움.
- **조총:** 임진왜란 때 일본군이 사용한 총으로, 불을 붙여 쏘는 긴 총.
- **피란:** 전쟁이나 재난을 피해 안전한 곳으로 이동하는 것.
- **원군:** 전투에서 자기편을 도와주는 군대.

🔍 내용 깊이 알아보기

1. 임진왜란이라는 이름의 뜻은 무엇인가요?

_____

2. 임진왜란 당시 일본이 강했던 이유는 무엇인가요?

_____

_____

3. 임진왜란이 일어나기 전 조선의 상황은 어떠했나요?

_____

_____

_____

한 줄 정리

임진왜란은 1592년 일본이 조선을 침략한 전쟁으로, 조선 역사를 전기와 후기로 나누는 중요한 사건이다.

여기서 잠깐, 상식 노트

임진왜란 이후 조선은 인구가 크게 줄었고, 농토가 황폐해져 경제적으로 큰 타격을 입었다. 또한 많은 문화재와 서적이 불에 타거나 약탈되었으며, 경복궁과 많은 사찰이 불에 타 귀중한 문화유산이 소실되었다.

정답: 1. 임진년에 일본이 일으킨 난. 2. 조총이라는 새로운 무기를 가지고 있었으며, 오랫동안 전쟁이 있었기 때문에 3. 조선 초기에는 사회가 안정되고 다른 나라와의 교류가 활발했으나, 군사 제도가 허술해졌으며, 당파 싸움이 심해지기 시작한 상황.

배경지식 더하기

임진왜란 때 의병의 활동

임진왜란으로 나라가 위기에 처하자 전국 각지에서 의병이 일어난다. 곽재우, 조헌, 김시민 같은 의병장은 정규군이 아닌 일반 백성을 이끌고 왜군에 맞서 싸운다. 백성이 스스로 나라를 지키려는 이러한 의병 활동은 임진왜란을 이겨 내는 중요한 힘이 되었다.

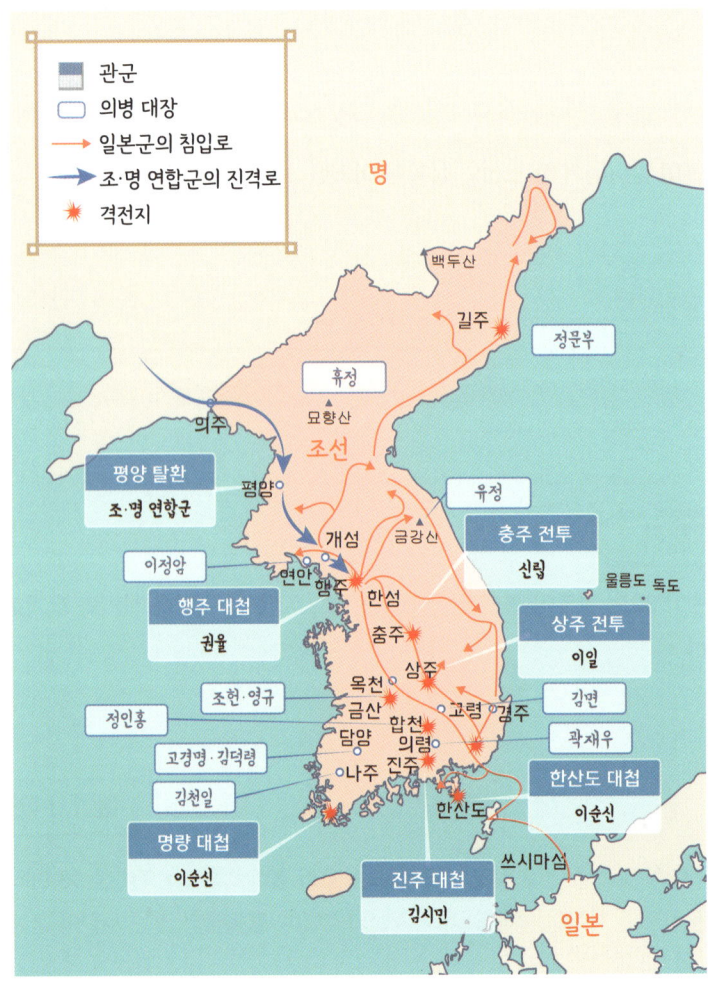

◆ 의병의 활동 지도

☞ 조선 통신사는 조선이 일본에 공식적으로 보낸 외교 사절단을 말한다. 그들은 조선의 문화를 일본에 전하는 데 큰 역할을 하였다. 당시 수준 높은 조선의 문화를 일본 지식인들이 매우 환대하며 조선 통신사가 극진한 대접을 받았다고 알려져 있다.

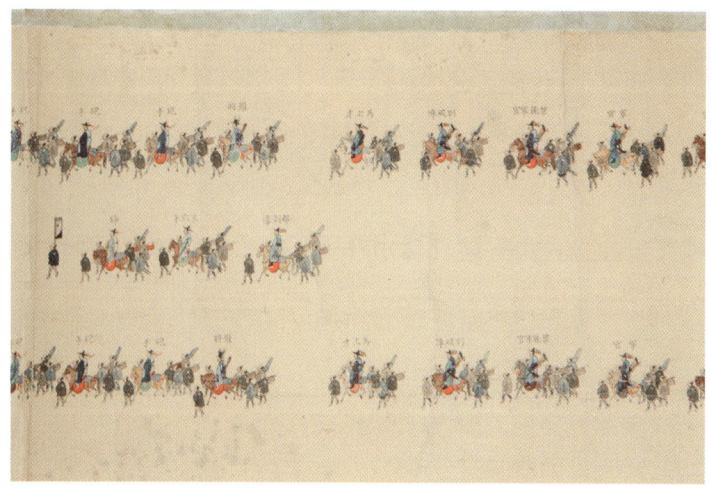

◆ 조선 통신사 행렬도　　　　　　　　　　　　　　©국립중앙박물관

☞ 임진왜란 이후 조선은 한동안 일본에 통신사를 보내지 않았으나 일본의 지속적인 수교 요청에 1607년부터 다시 통신사를 보내며 교류를 이어 갔다.

이순신 장군

　우리나라 100원짜리 동전에는 사람이 그려져 있어요. 바로 임진왜란 때 조선을 구한 **영웅**, 이순신 장군이지요. 임진왜란 당시 우리나라는 일본에게 **참패**를 거듭했어요. 하지만 당시 전라 좌수사로 있던 이순신만큼은 바다에서 왜군과 싸워 단 한 번도 지지 않았어요. 조선 수군이 이렇게 강했던 이유는 이순신 장군의 **지략**과 거북선 덕분이었어요. 섬나라인 일본의 군인들은 배에 올라타 칼로 싸우는 전투에 무척 능했어요. 그런데 이순신 장군은 판옥선 위에 뾰족한 철갑을 두른 거북선을 만들어 왜군이 배에 올라타기 어렵게 만들었어요. 또한 거북선에 **화포**를 설치하여 왜선이 다가오기도 힘들게 했어요.

　이순신 장군은 옥포 해전을 시작으로 일본과 스물세 번을 싸워 모두 이겼어요. 그중에서도 대승을 거둔 세 번의 전투가 있어요. 바로 한산도 대첩, 명량 대첩, 노량 해전이에요. 이순신 장군은 한산도 대첩에서 학이 날개를 편 모양처럼 배를 배치하는 '학익진'이라는 **전술**을 써서 대승을 거두었어요. 명량 대첩에서는 바다의 지형을 이용해 겨우 13척의 배로 133척의 왜선을 물리쳤어요. 노량 해전은 이순신 장군의 마지막 전투였어요. 이 전투에서 이순신 장군은 적의 총에 맞았지만 "나의 죽음을 알리지 말라."는 말을 남기고 **전사**했어요. 그 덕분에 조선 수군은 결국 큰 승리를 거두었고, 왜군은 완전히 일본으로 돌아가게 되었어요.

- **영웅**: 뛰어난 용기와 능력으로 큰일을 해내는 사람.
- **참패**: 크게 지거나 완전히 실패하는 것.
- **지략**: 현명한 지혜를 바탕으로 세운 전략적 계획이나 책략.
- **화포**: 화약을 써서 발사하는 무기로, 대포와 비슷한 것.
- **전술**: 전쟁이나 시합에서 이기기 위한 방법과 계획.
- **전사**: 전쟁터에서 적과 싸우다 죽음.

🔍 **내용 깊이 알아보기**

1. 이순신 장군이 만든 거북선의 특징을 써 보세요.

_____

_____

_____

2. 이순신 장군의 주요 전투를 바르게 연결해 보세요.

1) 한산도 대첩 •   　　　　• ⓐ 이순신의 마지막 전투로 왜군을 완전히 무찌른 전투.

2) 명량 대첩 •　　　　• ⓑ 지형을 이용하여 13척의 배로 133척의 왜군을 물리친 전투.

3) 노량 해전 •　　　　• ⓒ 학익진이라는 전술로 대승을 거둔 전투.

한 줄 정리

임진왜란 당시 <mark>이순신</mark> 장군은 뛰어난 지략과 <mark>거북선</mark>으로 모든 해전에서 승리하여 조선을 구했다.

여기서 잠깐, 상식 노트

고려 말기 최무선은 중국에서 화약 제조법을 배워와 우리나라 최초로 화약을 만들었다. 당시 왜구들이 바다에서 침입해 고려를 괴롭히자, 최무선은 화약을 이용한 화포로 왜구를 물리쳤다. 이때 개발된 화약 기술이 조선 시대까지 이어져 거북선의 강력한 화력을 만들어 냈다.

정답: 1. 판옥선 위에 뚜껑을 덮고 철갑을 씌운 배로 용 모양의 돌기가 달려있고 화포 기능이 뛰어나 있었다. 2. 1) ⓒ, 2) ⓑ, 3) ⓐ

배경지식 더하기

『난중일기』와 『징비록』

👉 이순신 장군은 바쁜 전쟁 중에도 매일 그날의 날씨와 전투 상황, 군사들의 이야기를 꼼꼼하게 기록했다. 특히 어머니를 생각하는 마음, 아들을 잃은 슬픔, 부하를 걱정하는 마음이 일기에 잘 담겨 있다. 『난중일기』는 유네스코 세계 문화유산으로 등재될 만큼 그 가치를 인정받고 있다.

◆ 이순신 장군 영정 ⓒ전통문화포털

◆ 이순신 장군의 활약 지도

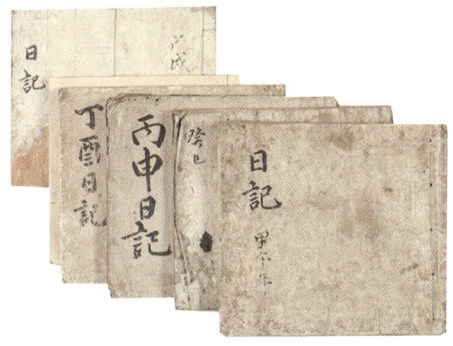

◆ 『난중일기』

『징비록』은 임진왜란 때 영의정이었던 유성룡이 쓴 책이다. '징비'는 '지난 잘못을 돌아보고 앞으로의 거울로 삼는다'는 뜻이다. 유성룡은 전쟁이 일어난 원인부터 7년 동안의 전쟁 과정을 자세히 기록했다. 그는 조선이 왜 전쟁 초기에 패배했는지, 어떻게 다시 일어설 수 있었는지를 솔직하게 썼다. 또한 병력과 무기의 부족, 지도층의 무능함 등 전쟁의 교훈도 담았다. 이 책은 후세 사람들에게 임진왜란의 원인과 전개 과정을 알려 주는 귀중한 역사 자료가 되었다.

◆ 유성룡 영정 ⓒ전통문화포털

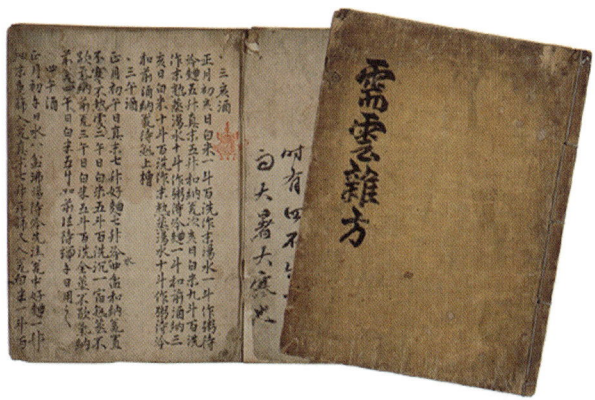

◆ 『징비록』 ⓒ국가유산포털

정묘호란과 병자호란

임진왜란이 끝나고 광해군이 집권하던 시기, 북쪽에서는 여진족이 후금이라는 나라를 세우고 **세력**을 키워 가고 있었어요. 후금이 명나라를 공격하자 명나라는 조선에 도움을 요청했어요. 이때 광해군은 겉으로는 명나라를 돕는 척하면서 후금과도 좋은 관계를 유지하는 '중립 외교'를 선택했어요. 하지만 당시 신하들은 임진왜란 때 조선을 도와준 명나라와의 의리를 저버렸다며 **반발**했고, 이는 광해군이 왕위에서 쫓겨나는 이유 중 하나가 되었어요. 광해군을 몰아내고 왕이 된 인조는 후금과는 멀리하고 명나라와만 친하게 지내는 정책을 펼쳤어요. 하지만 광해군의 예측대로 화가 난 후금이 1627년에 조선을 공격해 왔어요. 이 사건이 '정묘호란'이에요. '정묘년에 **오랑캐**가 일으킨 난리'라는 뜻이에요. 후금은 한양까지 점령했고 인조는 강화도로 **피신**을 갔어요. 다행히 후금이 '형제의 나라'가 되자고 제안하면서 전쟁은 끝났어요. 하지만 후금은 점점 더 강해져 나라 이름을 청나라로 바꾸고, 이번에는 조선에게 신하가 되라고 요구했어요. 인조가 이를 거절하자 청나라는 1636년 12월에 또다시 조선을 침략했어요. 이것이 바로 '병자호란'이에요.

인조는 남한산성으로 피신하고 청나라에 대항했지만, 결국 항복할 수밖에 없었어요. 청나라는 인조에게 삼전도에서 청나라 황제 앞에 무릎 꿇고 세 번 절하고 아홉 번 머리를 조아리는 예(삼배구 고두례)를 올리게 했어요. 이는 조선 역사에서 가장 굴욕적인 사건 중 하나예요.

- **세력**: 힘을 가지고 영향을 미칠 수 있는 크기나 범위.
- **반발**: 어떤 일이나 의견에 대해 맞서거나 거부하는 행동.
- **오랑캐**: 주변에 살던 민족을 낮잡아 부르던 말.
- **피신**: 위험한 상황을 피해 안전한 곳으로 몸을 숨기는 것.

🔍 내용 깊이 알아보기

1. 알맞은 내용에 O표 하세요.

- 광해군은 명나라와 후금 사이에서 중립 외교 정책을 펼쳤다.   (   )
- 인조는 광해군과 같은 외교 정책을 계속 유지했다.   (   )
- 병자호란은 정묘호란보다 더 큰 피해를 가져왔다.   (   )

2. 내가 만일 광해군이었다면, 명나라와 후금 사이에서 어떤 정책을 펼쳤을 것 같은지 써 보세요.

_____

_____

_____

_____

한 줄 정리

광해군 이후 인조 때 일어난 **정묘호란**과 **병자호란**은 조선이 청나라에 굴복하는 결과를 가져왔다.

여기서 잠깐, 상식 노트

병자호란 이후 조선은 매년 청나라에게 정해진 물건들을 바쳐야 했고, 왕이 바뀔 때마다 청나라 황제의 승인을 받아야 했다. 이러한 관계는 1895년, 청일 전쟁에서 일본이 청나라를 이길 때까지 무려 200년 가까이 이어졌다.

정답: 1. O, X, O

배경지식 더하기

소현 세자와 봉림 대군

병자호란에서 조선의 항복을 받아 낸 청나라는 소현 세자와 봉림 대군을 인질로 보내라고 요구했다. 당시 소현 세자는 청의 문물을 적극적으로 수용해 서양 무기와 시계, 망원경 등 새로운 문물을 조선에 들여오려 한 반면, 봉림 대군은 청나라 문물을 거부하고 조선의 전통을 지키려 했다. 긴 인질 생활 끝에 조선으로 돌아온 소현 세자는 갑자기 죽음을 맞이했다. 소현 세자의 죽음에는 청나라 문물 수용을 반대하던 세력들이 관련되었다는 설이 있다. 소현 세자가 죽자 그의 아들들은 제주도로 유배되었고, 봉림 대군이 왕위를 이어받아 효종이 되었다. 효종은 즉위한 뒤 '북벌 정책'을 추진하며 청나라로부터 우리나라의 자주성을 지켜 내고자 노력하였다.

◆ 남한산성

◆ 삼전도비: 병자호란 때 청나라 태종이 조선 인조의 항복을 받고 자기의 공덕을 자랑하기 위해 세운 전승비

◆ 남양 홍씨의 묘지명: 병자호란으로 가족을 잃고 홀로 남은 홍익한의 딸 남양 홍씨의 기록이 남음

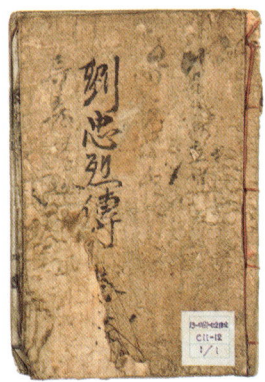
◆ 『유충렬전』: 병자호란 당시의 사회상을 반영한 영웅 소설

ⓒ국가유산포털

영조의 개혁 정치

　영조가 왕위에 오를 당시 조선은 붕당 간의 대립이 심각했어요. 붕당은 학문이나 정치적 생각을 같이하는 사람들의 집단을 뜻하는 말이에요. 초기의 붕당은 서로 다른 의견을 나누며 정치를 발전시키는 역할을 했으나, 점차 자기 당파의 이익만을 추구하는 형태로 변질되었어요. 영조는 이런 상황을 매우 걱정했어요. 그래서 왕위에 오르자마자 '탕평책'을 실시했어요. 탕평책은 **당파**에 관계없이 공평하게 **인재**를 **등용**하는 정책으로, 능력이 있는 인재라면 누구나 관직에 오를 수 있게 하는 정책이에요. 영조는 백성의 목소리를 직접 듣기 위해 신문고도 다시 설치했어요. 신문고는 억울한 일을 당한 백성이 왕에게 직접 알릴 수 있는 북이에요. 영조는 신문고 소리를 듣고 백성들의 어려움을 해결하려 노력했어요. 또한 백성의 세금을 줄여 주고 **가혹**한 **형벌**을 금지하였으며, 청계천 바닥을 정비해 홍수에 대비하는 등 백성들의 삶을 안정시키기 위해 노력했어요.

　영조는 백성을 두루 살피고 신하를 공정하게 등용했던 왕이었으나, 아들에게는 무섭고 가혹한 아버지였어요. 신하들이 보는 앞에서 세자를 꾸짖는 일이 잦았고, 이에 세자는 점점 더 불안한 모습을 보이고 이상한 행동을 했어요. 결국 영조는 세자를 쌀을 담는 뒤주에 가두어 죽게 했어요. 아들의 죽음 이후, 영조는 깊은 슬픔을 느꼈고 세자에게 생각할 사(思), 슬플 도(悼)를 써서 '사도 세자'라는 시호를 내렸어요.

- **당파**: 정치적 이해관계나 사상을 같이하는 사람들이 모인 집단이나 세력.
- **인재**: 뛰어난 능력과 재능을 가진 사람.
- **등용**: 사람의 능력을 인정하여 중요한 자리나 직책에 쓰는 것.
- **가혹**: 지나치게 엄격하거나 힘이 드는 상황.
- **형벌**: 범죄나 잘못을 저지른 사람에게 법에 따라 가하는 벌.

내용 깊이 알아보기

1. 탕평책은 어떤 정책인가요?

....

2. 신문고란 무엇인가요?

....

3. 영조가 백성의 삶을 안정시키기 위해 했던 노력에는 어떤 것들이 있나요?

....

....

....

....

한 줄 정리

영조는 탕평책으로 붕당 갈등을 해소하고 백성을 위한 정책을 펼쳤지만, 아들 사도 세자를 뒤주에 가두어 죽게 했다.

여기서 잠깐, 상식 노트

영조는 조선 제21대 왕으로, 52년 동안 임금의 자리에 있었다. 조선 역사상 가장 오랜 기간 재위한 왕이기도 하다. 또한 당시로서는 매우 드물게 82세까지 장수하였다.

정답: 1. 당파에 관계없이 공평하게 인재를 등용하는 정책. 2. 백성들이 억울한 일을 임금에게 알릴 수 있도록 북을 매달아 놓은 것. 3. 백성의 세금을 줄이고 가혹한 형벌을 금지하였으며, 신문고 제도를 되살려 백성의 어려움을 듣고 해결해 주고자 대처함.

배경지식 더하기

탕평비와 『한중록』

◆ 탕평비　　©한국학중앙연구원

☞ 영조는 자신의 탕평 정치 의지를 알리기 위해 탕평비를 세우기도 했다. 탕평비에는 '두루 사귀면서 편을 가르지 않는 것이 군자의 공정한 마음이요, 편을 가르고 두루 사귀지 않는 것은 소인의 사사로운 마음이다'라고 적혀 있다.

☞ 영조의 아들 사도 세자는 몸의 감각이 예민해져 옷을 입는 것이 힘든 '의대증'이 있었다고 전해진다. 이로 인해 신하를 죽이는 등 이상한 행동이 계속되자 영조는 사도 세자를 뒤주에 가두어 죽이고 사도 세자의 아들이자 자신의 손자인 정조에게 왕위를 물려주었다.

◆ 뒤주

☞ 한편 사도 세자의 부인인 혜경궁 홍씨는 남편의 죽음 이후에도 60년이 넘는 세월을 더 살았다. 아들 정조가 왕이 된 후 대비 자리에 올랐고, 손자 순조 때까지 살았다. 그녀는 노후에 자신의 궁중 생활을 기록한 『한중록』을 집필했는데, 여기에서 사도 세자에 대한 자세한 기록이 남아 있다. 『한중록』에는 시아버지 영조와 남편 사도 세자 사이의 갈등을 지켜봐야 했던 며느리의 안타까운 심정이 담겨 있다.

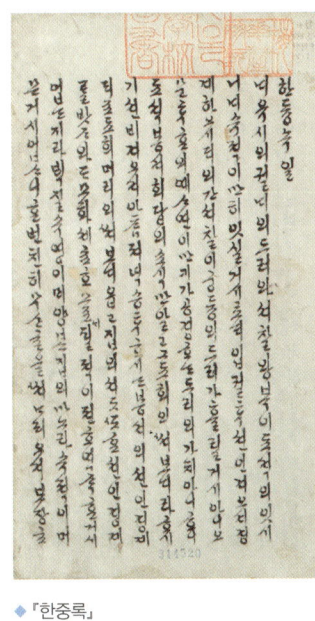

◆ 『한중록』

ⓒ한국학중앙연구원

정조와 정약용

　할아버지 영조의 뒤를 이어 왕이 된 정조는 조선 시대에 세종 대왕과 더불어 가장 똑똑한 왕으로 손꼽혀요. 정조는 왕이 된 후 '규장각'이라는 특별한 기관을 만들어 개혁 정치를 시작했어요. 규장각은 책을 모아 두는 도서관이자 우수한 인재들이 모여 공부하는 곳이었어요. 정조는 규장각에서 실력 있는 학자들을 키워 나라를 발전시키는 데 힘을 보태도록 했어요. 그중에서도 정약용은 정조가 가장 아끼던 학자였어요. 정약용은 조선 후기 대표적인 실학자로 '거중기'를 발명했어요. 거중기란 도르래의 원리를 이용해 무거운 돌을 쉽게 들어 올릴 수 있는 기계예요. 정조는 수원 화성을 지어 아버지 사도 세자의 묘를 그 안에 모셨는데, 이때 정약용의 거중기로 수원 화성의 건축 기간을 **획기적**으로 단축할 수 있었지요.

　정조는 할아버지의 뜻을 이어받아 정약용처럼 똑똑한 신하들을 붕당에 상관없이 등용하는 탕평책을 적극 실시했어요. 또한 신분이 낮은 백성들의 삶도 **개선**하려 노력했어요. 신분에 관계없이 능력 있는 사람은 나라의 관리가 될 수 있게 했고, **첩**의 자식인 **서얼**도 관리가 될 수 있는 길을 열어 주었어요. 노비들이 자유로운 몸이 될 수 있는 기회도 늘려 주었어요. 상공업의 발전에도 관심을 가져 상인들이 자유롭게 물건을 사고팔 수 있게 했어요. 자신의 권력을 튼튼히 하기 위해 왕을 **호위**하는 '장용영'이라는 특별한 군대를 만들기도 했어요.

- **획기적**: 이전과는 다르게 크고 새로운 방식으로 바꾸는 것.
- **개선**: 잘못된 점이나 부족한 점을 고쳐 더 좋게 만드는 것.
- **첩**: 남자의 정식 부인이 아닌 다른 부인.
- **서얼**: 첩에게서 태어난 자식.
- **호위**: 주변에서 지키고 보호하는 것.

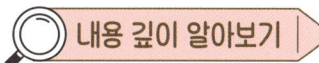 **내용 깊이 알아보기**

1. 알맞은 내용에 O표 하세요.
- 정조가 만든 규장각은 도서관이자 인재 양성 기관이었다. (   )
- 정약용은 거중기를 발명하였다. (   )
- 정조는 붕당에 속한 사람들만 등용했다. (   )

2. 거중기란 무엇인가요?

3. 정조가 펼친 신분 개혁에는 어떠한 것이 있었나요?

한 줄 정리

정조는 규장각을 세워 인재를 양성하고, 정약용의 거중기로 수원 화성을 지은 개혁 군주였다.

여기서 잠깐, 상식 노트

규장각은 조선 초기의 집현전과 비슷한 왕의 직속 학문 기관이었다. 집현전은 세종 대왕이 설립하였으나 이후 쇠퇴하였고, 정조가 설립한 규장각은 조선 말기까지 지속되었다.

정답: 1. O, O, X 2. 도르래와 지렛대를 이용해 무거운 물체를 쉽게 들어 올릴 수 있는 기계. 3. 신분에 관계없이 잔지기 뛰어난 사람들을 고루 뽑고 능력 있는 서얼들에게도 벼슬을 주었다.

배경지식 더하기

실학의 발전

☞ 실학은 조선 후기에 등장한 새로운 학문이다. 임진왜란과 병자호란을 겪은 후 나라를 재건하고 백성들의 어려운 삶을 개선하기 위해서는 실제적인 도움이 되는 학문이 필요하다는 생각이 대두되었다. 이에 따라 현실 문제를 해결하고 백성들의 생활을 돕는 것을 목표로 하는 실학이 발달했다. 대표적인 실학자로는 거중기를 발명하고, 지방 관리의 마음가짐을 담은 『목민심서』 등을 집필한 정약용이 있다.

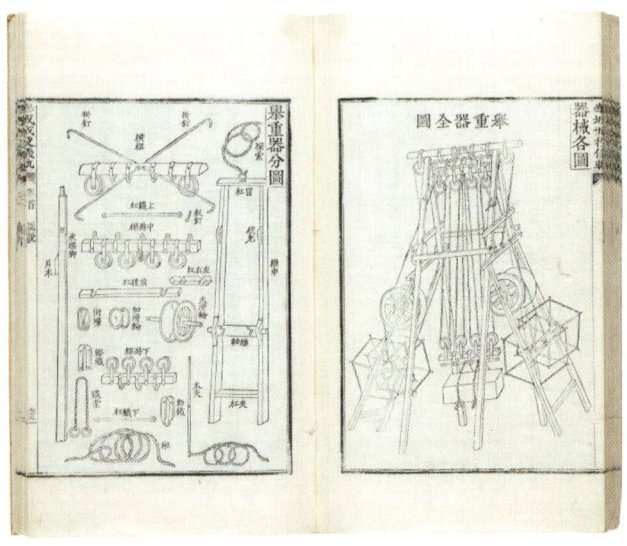

◆ 거중기 전도와 부도, 『화성성역의궤』 　　　　　　ⓒ국립중앙박물관

☞ 실학자들은 각자 관심 분야에 따라 다양한 연구를 했다. 유형원은 토지 제도의 개혁을 주장했고, 박지원과 박제가는 상업의 중요성을 강조하며 청나라의 선진 문물을 적극적으로 받아들이자고 주장했다. 홍대용은 천문 관측기 혼천의를 개발하기도 하였다.

◆ 혼천의 ⓒ국립중앙박물관

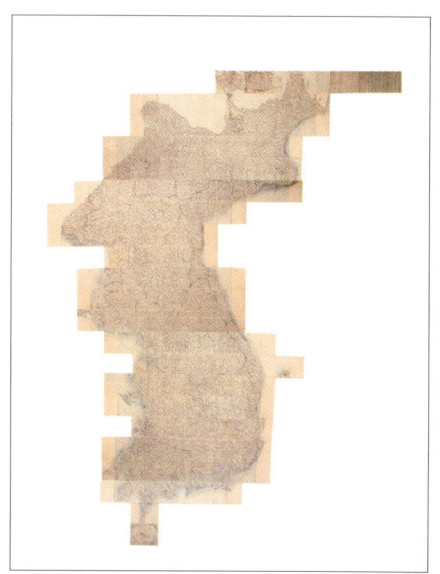

◆ 김정호의 대동여지도 ⓒ국가유산포털

실학자들은 역사와 지리 연구에도 새로운 시각을 제시했다. 유득공은 발해가 고구려를 이은 나라라는 사실을 밝혀냈고, 한치윤은 『해동역사』를 저술하여 한국사를 체계적으로 정리했다. 김정호는 우리나라의 산, 강, 길 등을 자세히 표시한 '대동여지도'를 제작하여 국토를 정확하게 파악하는 데 큰 공헌을 했다. 이처럼 실학자들은 농업, 상업, 역사, 지리 등 다양한 분야에서 실용적인 학문을 연구하며 조선 후기 사회 발전의 토대를 마련했다.

조선 후기 서민 문화의 발달

조선 후기에는 농업과 **상공업**이 발달하면서 백성들의 삶이 조금씩 나아졌어요. 서민들은 경제적으로 여유가 생기자 문화생활을 즐기기 시작했어요. 이전까지 문화의 주인공이 양반이었다면, 이제는 서민이 문화의 중심이 된 거예요. 시장에서는 책을 읽어 주는 사람이 생겨났고, 거리에서는 다양한 공연이 열렸어요. 특히 『홍길동전』, 『춘향전』, 『흥부전』, 『심청전』 등의 한글 소설이 큰 인기를 끌어 지금까지 전해지고 있어요. 또 서민들은 탈을 쓰고 춤추고 노래하면서 양반의 **위선적**이고 **허세** 가득한 모습을 날카롭게 **풍자**했지요. 봉산 탈춤, 하회 별신굿 탈놀이는 축제나 명절에 주로 공연되어 서민의 **애환**을 풀어 주는 역할을 했어요. 판소리도 큰 인기를 끌었어요. 명창이라 불리는 소리꾼들이 북장단에 맞춰 이야기를 들려주었는데, 「춘향가」, 「흥부가」, 「심청가」가 특히 유명했어요. 소리꾼이 들려주는 이야기에 서민들은 때로는 웃고 때로는 울면서 푹 빠져들었지요. 이 시기에는 서민들의 생활 모습을 담은 **풍속화**도 크게 발달했어요. 김홍도는 「서당」, 「씨름」 등의 작품에서 일하고 놀고 공부하는 서민의 일상을 생생하게 그렸어요. 신윤복은 「미인도」나 「단오풍정」 같은 그림을 통해 조선 여인의 모습을 표현했어요. 두 화가의 그림 덕분에 우리는 조선 후기 사람들의 생활 모습을 자세히 알 수 있게 되었어요.

- **상공업:** 물건을 사고파는 상업과 물건을 만드는 공업을 함께 이르는 말.
- **위선적:** 겉으로는 착한 척하면서 속으로는 다른 마음을 품는 모습.
- **허세:** 실제보다 자신을 더 크고 대단하게 보이려고 하는 것.
- **풍자:** 사회나 사람의 잘못된 점을 우회적으로 비판하거나 조롱하는 것.
- **애환:** 슬픔과 기쁨을 아울러 이르는 말.
- **풍속화:** 당시 사람들의 일상생활이나 풍습을 그린 그림.

내용 깊이 알아보기

1. 조선 후기 서민들의 문화생활이 발달한 이유는 무엇인가요?

_____

_____

2. 조선 후기 인기를 끌었던 한글 소설에는 어떤 것들이 있나요?

_____

_____

3. 탈놀이는 어떤 역할을 하였나요?

_____

_____

한 줄 정리

조선 후기에는 경제 발전으로 양반이 아닌 서민들이 문화의 주인공이 되어 판소리, 한글 소설, 탈놀이, 풍속화가 발달했다.

여기서 잠깐, 상식 노트

허균이 쓴 『홍길동전』은 조선의 첫 한글 소설로 알려져 있다. 홍길동은 양반의 첩의 자식인 서자로 태어나 차별을 받지만, 뛰어난 능력으로 활빈당의 두목이 되어 부패한 관리들을 혼내 주고 백성들을 돕는다. 이 소설은 신분 차별이 심했던 조선 사회를 비판하는 내용을 담고 있다.

정답: 1. 농업과 상공업이 발달하면서 경제적으로 여유가 생겼기 때문에. 2. 『홍길동전』, 『춘향전』, 『흥부전』, 『심청전』 등. 3. 사람들의 애환을 풀어 주는 역할을.

배경지식 더하기

탈놀이와 풍속화

☞ 서민들이 탈을 쓰고 춤을 추며 대사를 이어 나가는 탈놀이에는 양반, 중, 노인, 처녀 등 다양한 인물의 탈이 등장한다. 탈놀이는 조선 후기에 크게 유행했는데, 그중 하회, 봉산 등 지역마다 특색 있는 탈놀이가 아직까지 전해지고 있다.

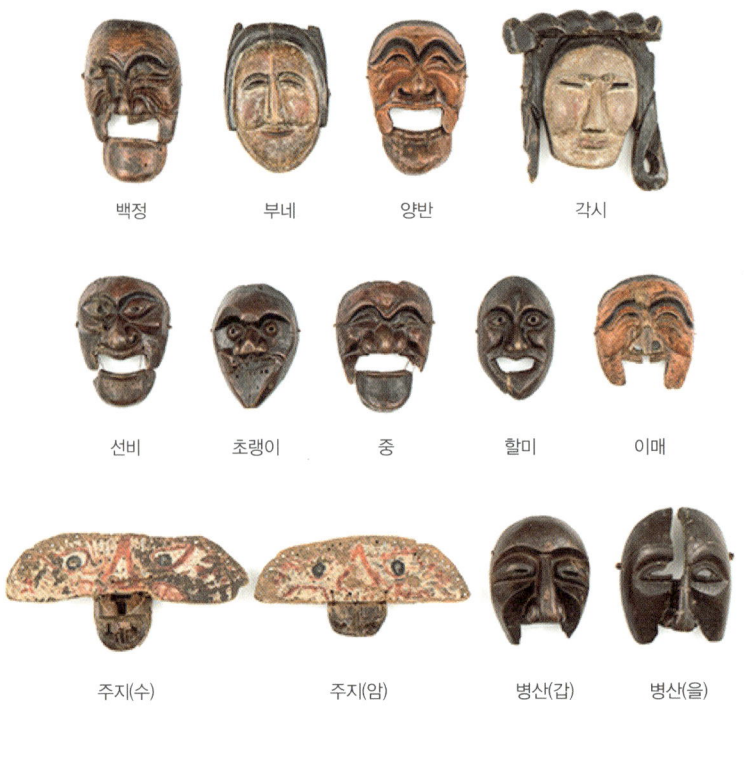

◆ 하회탈의 종류

©한국민속대백과사전

📖 풍속화는 서민들의 일상을 그린 그림으로, 조선 시대 대표 풍속 화가로는 김홍도와 신윤복이 있다. 김홍도는 서당에서 공부하는 아이들, 장터에서 씨름하는 사람들처럼 일반 백성의 삶을 담아내는 한편, 신윤복은 양반 남녀의 사랑이나 여성들의 생활 모습을 많이 그렸다.

◆ 김홍도 「씨름」

◆ 신윤복 「미인도」

ⓒ국립중앙박물관

천주교 박해와 김대건 신부

조선 후기에 서양에서 천주교가 전래되었어요. '모든 사람이 하느님 앞에 **평등**하다'는 천주교의 사상은 금세 백성의 마음을 사로잡았어요. 당시 조선은 양반과 상민의 신분 차이가 매우 컸는데 천주교의 평등사상은 백성들에게 큰 위로가 되었어요. 또 천주교는 이 세상에서 고생하더라도 죽은 후에 천국에 갈 수 있다는 희망도 주었어요. 하지만 양반들은 천주교를 매우 싫어했어요. 신분 제도를 부정하는 천주교의 가르침이 자신들의 **기득권**을 위협한다고 여겼기 때문이에요. 또 천주교에서는 조상에게 제사를 지내지 않았는데, 양반들은 이것이 효(孝)를 중시하는 유교 사상에 어긋난다고 생각했어요. 그래서 천주교가 나라의 기본 질서를 무너뜨리고 있다고 주장하며 천주교를 **박해**했어요. 신유박해, 기해박해, 병인박해 등 잇따른 박해로 수많은 조선의 천주교 신자들이 **유배**를 가거나 처형을 당했어요. 이 과정에서 천주교 신자였던 정약용도 **귀향**을 가게 되었고, 김대건의 아버지도 목숨을 잃었어요.

독실한 천주교 집안에서 태어난 김대건은 열다섯 살에 마카오로 떠나 신학을 공부하고 우리나라 최초의 **신부**가 되었어요. 조선으로 돌아온 김대건은 박해를 피해 숨어 지내는 신자들을 위해 미사를 드리며 성경 말씀 구절을 전했어요. 하지만 안타깝게도 관리들에게 붙잡혀 20대의 젊은 나이에 순교했어요.

- **평등:** 모든 사람이 차별 없이 동등한 권리와 기회를 가지는 상태.
- **기득권:** 이미 획득하여 누리고 있는 특권이나 이익.
- **박해:** 정치적, 종교적 이유로 특정 개인이나 집단을 억압하고 괴롭히는 행위.
- **유배:** 죄인을 먼 지방으로 강제로 보내어 그곳에서 살게 하는 형벌.
- **귀향:** 고향이나 본래 살던 곳으로 돌아감.
- **신부:** 천주교에서 미사를 집행하고 강론을 하는 성직자.

내용 깊이 알아보기

1. 백성들은 왜 천주교의 사상을 좋아했을까요?

_____

_____

2. 양반들은 왜 천주교를 싫어했을까요?

_____

_____

3. 김대건은 어떤 사람인가요?

_____

_____

한 줄 정리

조선 후기, 평등사상을 설파하는 천주교가 백성들에게 전파되었으나 유교 사상에 어긋난다는 이유로 많은 천주교인들이 박해를 받았다.

여기서 잠깐, 상식 노트

훗날 김대건 신부는 교황 요한 바오로 2세에 의해 '성인'으로 추대되었다. 성인이란 천주교에서 아주 훌륭한 사람에게만 주어지는 특별한 칭호이다. 지금도 전국 곳곳에 김대건 신부를 기념하는 성당과 기념관이 있으며, 많은 천주교 신자가 그의 용기와 믿음을 본받으려 노력하고 있다.

정답: 1. 모든 사람이 평등하다고 했기 때문에, 죽어서 갈 수 있다는 천당을 주장했기 때문에. 2. 신분 제도를 부정하고, 조상에게 제사를 지내지 않았기 때문에. 3. 우리나라 최초의 신부.

배경지식 더하기

병인박해와 병인양요

1866년 병인년에 조선 최대의 천주교 박해 사건이 일어났다. 당시 흥선 대원군은 천주교를 무자비하게 탄압하여 프랑스 선교사 9명과 8000여 명의 천주교 신자를 처형했다.

◆ 성인 김대건 신부 초상화 ⓒ한국천주교회의

*천주교 4대 박해
 신유박해 (1801년), 기해박해 (1839년),
 병오박해 (1846년), 병인박해 (1866년)

👉 프랑스는 '프랑스인 처형에 대한 책임을 묻는다'라는 구실로 통상 수교를 요구하며 강화도를 공격해 왔다. '병인양요'라고 불리는 이 전투에서 조선은 '외규장각 의궤' 등 각종 문화재를 약탈당하며 큰 피해를 입었다. 외규장각은 왕실의 도서관으로 왕실의 중요 의례와 행사 과정이 기록된 '의궤'가 보관되어 있었다. 한국 정부는 오랫동안 프랑스에게 이 문화재의 반환을 요구해 왔고, 2010년 프랑스는 '영구 대여' 형식으로 한국에 돌려주기로 합의하였다. 140여 년 만에 한국으로 돌아온 외규장각 의궤는 국립중앙박물관에 보관되어 있다.

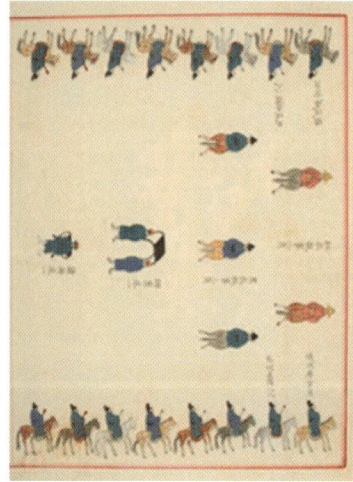 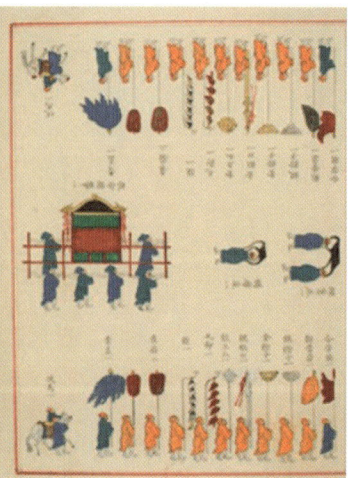

◆ 외규장각 의궤

ⓒ국립중앙박물관

- 조선 후기, 많은 나라가 우리 영토를 서로 차지하려고 했고, 서양의 신문물이 쏟아져 들어왔어요. 한편 우리는 일본에게 주권을 빼앗기는 수모를 겪었으나, 일본의 탄압 아래에서도 나라를 되찾기 위해 목숨을 건 독립운동을 했답니다.

- 마침내 35년 만에 광복을 맞았지만, 우리나라는 남과 북으로 나뉘었고 6·25 전쟁이라는 큰 아픔을 또 겪었어요. 하지만 우리 민족은 다시 일어섰어요. 전 세계가 놀란 눈부신 경제 성장을 이루었고, 민주주의를 발전시켜 나갔지요. 그 결과 오늘날 우리나라는 세계 10위권의 경제 강국이 되었고, 이제는 'K-문화'를 전 세계에 전파하는 나라가 되었답니다. 여러분이 살고 있는 오늘의 대한민국이 어떻게 만들어졌는지 함께 알아볼까요?

흥선 대원군의 집권

정조의 뒤를 이어 어린 순조가 즉위하자 왕의 친족들이 권력을 나누어 가지면서 **세도 정치**가 시작되었어요. 안동 김씨, 풍양 조씨 같은 일부 힘 있는 가문이 나라의 실권을 장악했고, 이들은 관직을 사고팔며 **부정부패**를 저질렀어요. 백성들의 삶은 점점 더 힘들어졌어요. 이런 혼란 속에서 어린 고종이 즉위하자, 고종의 아버지인 흥선 대원군이 대신 나라를 다스리게 되었어요. 흥선 대원군은 왕권을 강화하기 위해 과감한 개혁을 시작했어요. 먼저 '호포법'을 시행하여 양반들에게 **군포**를 거두어 국가 재정을 확보했어요. 또 전국에 있는 서원을 일부만 남기고 없애 버렸어요. 서원은 원래 선비들이 공부하는 곳이었지만, 양반들이 세금을 내지 않는 수단으로 **악용**되고 있었거든요. 그리고 왕실의 권위를 높이고자 임진왜란 때 불타 버린 경복궁을 다시 지었어요. 하지만 이 공사에 너무 많은 돈과 노동력이 들어가는 바람에 백성들의 불만이 커지기도 했어요.

한편 이 무렵 서양에서 '이양선'이라 불리는 배를 타고 와서 **통상**을 요구했어요. 하지만 흥선 대원군은 이를 단호히 거절하며 **쇄국 정책**을 폈어요. 프랑스(병인양요)와 미국(신미양요)의 함대가 통상을 요구하며 강화도를 공격했지만 이를 물리쳤고, 곳곳에 척화비를 세워 서양과 교류하지 않겠다는 뜻을 널리 알렸어요.

- **세도 정치:** 특정 가문이 권력을 독점해 나라를 마음대로 다스리는 것.
- **부정부패:** 바르지 못하고 타락함.
- **군포:** 군대의 의무 대신 내는 세금.
- **악용:** 무언가를 좋지 않은 목적으로 잘못 사용하는 것.
- **통상:** 나라 사이에 물건을 사고파는 무역 활동.
- **쇄국 정책:** 외국과의 교류를 차단하고 국경을 닫는 정책.

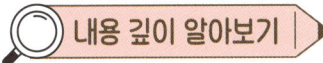

1. 흥선 대원군이 경복궁을 다시 지은 이유는 무엇인가요?

2. 다음 중 흥선 대원군의 정책과 거리가 먼 것은 무엇인가요?
   ① 호포법 시행　　② 서원 철폐
   ③ 경복궁 재건　　④ 서양과 통상 체결

3. 흥선 대원군의 쇄국 정책을 보여 주는 비석의 이름은 무엇인가요?

한 줄 정리

흥선 대원군은 어린 고종을 대신해 집권하며 경복궁 재건을 추진하고 서양의 침략에 맞서 쇄국 정책을 펼쳤다.

여기서 잠깐, 상식 노트

흥선 대원군은 경복궁 재건 사업에 필요한 돈을 충당하기 위해 '당백전'을 발행하였다. 당백전은 하나의 동전이 100냥의 가치를 가진다는 뜻이다. 그러나 당백전이 물가 폭등을 일으키며 백성들의 생활은 더욱 어려워졌다.

배경지식 더하기

운요호 사건과 강화도 조약

조선은 병인양요와 신미양요 때에는 흥선 대원군은 병인양요와 신미양요를 겪은 뒤 척화비를 나라 곳곳에 세우고 쇄국 정책으로 서양과의 교류를 거부했다.

◆ 척화비

◆ 흥선 대원군

흥선 대원군이 물러나고 고종이 직접 정치에 나서면서 조선이 발전하려면 외국과 교류가 필요하다는 주장이 힘을 얻었다. 이런 상황에서 일본은 조선에 군함 운요호를 보내 무력으로 위협하며 개항을 요구했다. 이에 조선은 처음으로 외국과 근대적인 조약을 맺었는데, 이 조약이 바로 1876년 일본과 맺은 '강화도 조약'이다. 강화도 조약의 내용을 보면 일본에게만 유리한 불평등 조약이었다는 것을 알 수 있다.

ⓒ국가유산포털

강화도 조약의 주요 내용
제4조 조선은 부산 이외에 두 곳의 항구를 개항하고 일본인이 와서 통상하는 것을 허용한다.
제7조 일본인이 조선의 해안을 자유롭게 측정하는 것을 허가한다.
제10조 조선의 항구에서 죄를 지은 일본인은 일본 관리가 재판한다.

☞ 고종은 강화도 조약을 체결해 외국과 교류를 시도하며 본격적으로 개화 정책을 추진한다. 강화도 조약은 조선이 다른 나라와 교류하며 근대 사회로 발전하는 계기가 되었지만, 동시에 일본이 본격적으로 조선을 침략하는 시작점이 되었다.

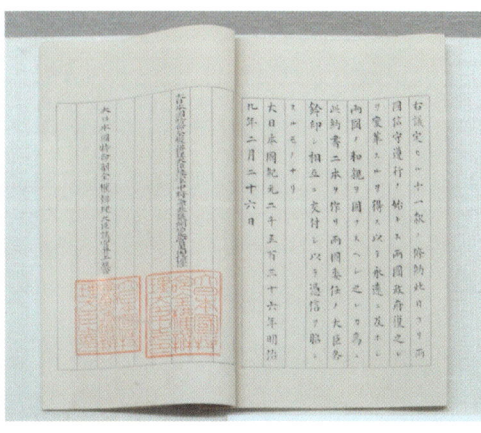

◆ 강화도 조약 원본

◆ 고종 황제

임오군란과 갑신정변

조선은 흥선 대원군의 쇄국 정책으로 오랫동안 다른 나라와 적극적으로 교류하지 않았어요. 그러다 보니 빠르게 발전하는 세계의 변화에 뒤처지고 말았어요. 이에 고종은 서양의 문물을 받아들이는 **개화 정책**을 펼치기 시작했고, 신식 군대인 '별기군'을 만들었어요. 신식 군인들은 좋은 대우를 받았지만 구식 군인들은 1년 넘게 월급을 제대로 받지 못했고, 급기야 모래가 섞인 쌀을 지급받았어요. 이에 화가 난 구식 군인들은 1882년, 임오군란을 일으켰어요. 군인들은 분노를 참지 못하고 일본 **공사관**을 불태웠고, 조선 정부는 이 사태를 수습하기 위해 청나라에 도움을 요청했어요. 이를 계기로 청나라가 조선의 내정에 더 깊이 간섭하게 되었어요.

그로부터 2년 뒤인 1884년에는 갑신정변이 일어났어요. 갑신정변은 정치가 김옥균을 중심으로 한 급진 개화파가 청나라의 간섭에서 벗어나 **자주적**으로 조선의 개화를 이루기 위한 시도였어요. 김옥균과 그의 동료들은 개화당 정부를 수립하고 신분제 폐지와 토지 개혁 같은 혁신적인 정책을 발표했어요. 하지만 이들의 꿈은 얼마 가지 않아 산산조각 났어요. 청나라군이 개입하면서 3일 만에 실패로 끝나고 말았지요. 도움을 주기로 했던 일본은 나타나지 않았어요. 갑신정변이 실패하면서 김옥균을 비롯한 개화파 인사들은 일본으로 **망명**을 가야 했고, 청나라의 간섭은 계속되었어요. 갑신정변은 비록 실패로 끝났지만 조선을 근대 국가로 바꾸려 했던 중요한 시도로 기억되고 있어요.

- **개화 정책**: 옛날 방식에서 벗어나 새로운 문물과 기술을 받아들이는 정책.
- **공사관**: 외국과의 관계를 담당하는 외교 기관.
- **자주적**: 남의 도움 없이 스스로 생각하고 결정하는 것.
- **망명**: 정치적인 이유로 자기 나라를 떠나 다른 나라로 도망가는 것.

🔍 내용 깊이 알아보기

1. 임오군란이 일어난 원인은 무엇인가요?

_____

2. 신식 군대의 이름은 무엇인가요?

_____

3. 김옥균이 일으킨 갑신정변의 결과와 의의를 써 보세요.

_____

_____

_____

한 줄 정리

개화기에 구식 군인들의 봉기인 **임오군란**과 지식인들의 개혁 운동 **갑신정변**이 일어나 **청나라**의 간섭이 더 심해졌다.

여기서 잠깐, 상식 노트

임오군란 때 일본 공사관이 불타고 일본인들이 다치자 일본은 조선에 사과와 배상금을 요구하며 '제물포 조약'을 맺도록 강요했다. 이 조약으로 인해 조선은 일본에 배상금을 지급했고, 일본군이 조선에 주둔하는 것을 허락하게 되었다.

🔑 **정답:** 1. 구식 군인들에 대한 차별 대우. 2. 별기군 3. 청나라 군이 개입하면서 3일 만에 실패로 끝났다. 하지만 조선도 근대 국가로 바뀌어야 했던 중요한 사건이다.

배경지식 더하기

갑신정변과 갑오개혁

👉 구식 군인들은 별기군과의 차별에 대항하여 임오군란을 일으켰다. 이후 조선에 대한 청나라의 간섭은 더욱 심해졌다. 김옥균을 비롯한 급진 개화파는 청나라와의 관계를 끊고 일본을 본받아 빠르게 서양의 제도와 기술을 받아들여야 한다고 주장했다.

◆ 별기군

👉 결국 급진 개화파는 우정국 개국 축하연을 기회로 삼아 갑신정변을 일으켜 정부를 장악했지만 청나라의 간섭으로 삼일천하로 끝나고 말았다.

◆ 우정총국　　　　　　　　　　　　　　©국가유산포털

📜 김옥균은 갑신정변 당시의 상황을 일기 형태의 글로 기록했다. 『갑신일록』에는 갑신정변 모든 과정이 생생하게 기록되어 있다. 갑신정변은 실패하였지만 10년 뒤인 1894년 갑오개혁이 실시되어, 갑신정변에서 추구했던 많은 근대적 개혁이 실현되었다.

◆ 고균 김옥균

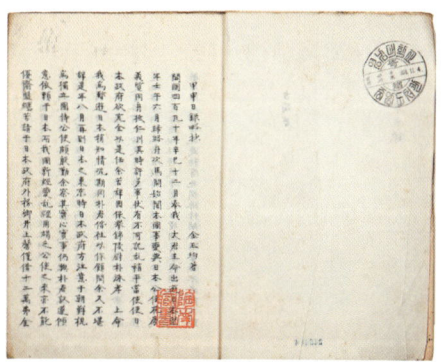

◆ 『갑신일록』

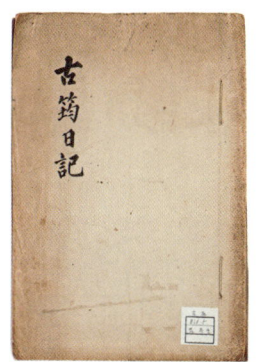

ⓒ국립문화유산연구원

동학 농민 운동

조선 말기, 어지러운 정세 속에서 '동학'이 백성들에게 빠르게 퍼져 나갔어요. 동학은 최제우가 창시한 종교로 '사람이 곧 하늘이다'라는 인내천 사상을 주장했어요. 신분에 상관없이 모든 인간은 똑같이 소중하고 평등하다는 동학의 주장은 신분 차별로 고통받던 백성들에게 큰 희망이 되었어요.

이 시기 조선 백성들의 삶은 매우 어려웠어요. **탐욕**스러운 관리들은 과도한 세금을 걷어 자신들의 욕심을 채우기 바빴고, 일본과 청나라는 조선의 내정에 끊임없이 간섭하려 했어요. 특히 전라도의 조병갑이라는 관리는 백성들에게 **폭압**적인 **수탈**을 일삼았어요. 이에 분노한 전봉준과 동학교도들, 농민들이 고부 관아를 습격하면서 '동학 농민 운동'이 시작되었어요. 농민군은 "**탐관오리**를 몰아내자.", "청나라와 일본의 세력을 없애자.", "백성이 잘 살 수 있게 하자."고 외치며 싸웠어요. 전봉준이 이끄는 농민군은 전주성을 점령하는 등 큰 승리를 거두었지요. 그러자 조선 정부는 동학 농민군을 진압하려고 청나라에 군대를 요청했어요. 이를 **빌미**로 일본군까지 조선에 들어왔어요. 동학 농민군은 일본을 물리치기 위해 다시 한번 일어났지만, 안타깝게도 우금치 전투에서 패배하고 말았어요. 비록 실패로 끝났지만, 동학 농민 운동은 신분 차별을 타파하고 외세에 저항하려 했던 백성들의 움직임이었다는 데 의의가 있어요.

- **탐욕**: 너무 많이 갖고 싶어 하는 마음이 지나치는 것.
- **폭압**: 힘으로 남을 억누르고 괴롭히는 것.
- **수탈**: 강제로 물건이나 돈을 빼앗는 것.
- **탐관오리**: 백성들에게서 돈을 뺏는 나쁜 관리.
- **빌미**: 무엇을 하기 위한 핑계나 이유.

> 내용 깊이 알아보기

1. 동학의 인내천 사상은 어떤 사상인가요?

_____

_____

2. 동학 농민 운동이 일어나게 된 원인은 무엇인가요?

_____

_____

3. 조선 정부는 동학 농민군을 진압하기 위해 어떻게 했나요?

_____

_____

> 한 줄 정리

신분 평등과 외세 배척을 외친 동학 농민 운동은 비록 실패했으나, 조선 백성의 자주 의식을 일깨웠다.

> 여기서 잠깐, 상식 노트

동학의 창시자 최제우는 인내천 사상을 바탕으로 모든 사람이 평등하다고 가르쳤다. 조선은 동학이 서학(천주교)과 비슷하다며 최제우를 체포해 처형했다. 하지만 그의 가르침은 백성들에게 퍼져 나갔고 후에 천도교로 발전하였다.

정답: 1. 사람이 곧 하늘이며, 인간은 모두 평등하다는 사상. 2. 탐관오리 조병갑의 백성들에게 수탈을 일삼았다. 3. 청나라에 군대를 요청했다.

청일 전쟁과 갑오개혁

👉 전봉준이 이끈 동학 농민군은 전주성을 점령하고 조선 정부와 협상하여 개혁을 약속받고 물러났다. 동학 농민군의 개혁안들은 당시 조선 사회의 문제점을 정확히 짚어내고 있었으며, 신분제 철폐와 토지 제도 개혁 등 매우 혁신적인 내용을 담고 있었다.

◆ 전봉준(왼쪽에서 세 번째)

👉 동학 농민 운동을 빌미로 조선에 들어온 청과 일본은 농민군이 진압된 후에도 조선에서 철수하지 않고 청일 전쟁을 일으켰다. 이 전쟁에서 청나라는 일본에게 졌고, 시모노세키 조약을 맺게 되었다. 이 조약으로 청나라는 조선이 독립 국가라고 인정하였지만 이는 청나라가 조선에 대한 영향력을 포기한다는 뜻이었을 뿐, 조선은 일본의 간섭을 받게 되었다.

동학 농민군의 개혁안
- 탐관오리 척결, 부패한 관리 처벌.
- 토지 균등 분배, 각종 불법 세금 폐지.
- 신분 제도 철폐, 노비 문서 소각.
- 외세의 내정 간섭 배제, 각국 상인은 항구에서만 매매.

☞ 청일 전쟁 이후 조선 정부는 갑오개혁을 추진했다. 이때 갑신정변과 동학 농민군의 일부 개혁안이 받아들여지며 신분 제도가 폐지되어 양반과 상민의 구별이 사라졌다. 또 과거 제도가 없어지고 근대식 학교가 세워지는 등 여러 가지 새로운 제도가 만들어졌다. 하지만 갑오개혁은 일본의 간섭 속에서 이루어진 개혁이었다. 일본은 이 개혁을 통해 조선이 근대화되는 것처럼 보이게 했지만, 실제로는 조선을 자신들의 뜻대로 하려 했다. 이렇게 청일 전쟁은 조선이 청나라의 영향에서 벗어나는 계기가 되었지만, 동시에 일본의 지배를 받는 시작점이 되었다.

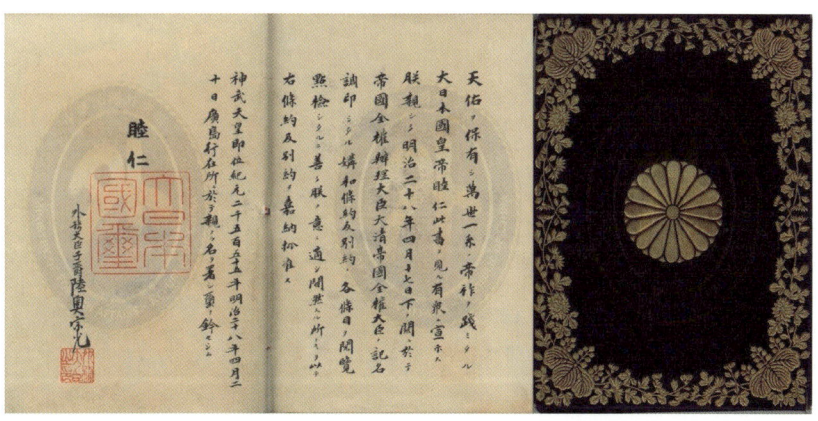

◆ 시모노세키 조약

을미사변과 아관 파천

　청일 전쟁에서 승리한 일제는 조선의 정치에 더 깊이 관여하며 조선에 대한 영향력을 강화하기 시작했어요. 이에 고종과 명성 황후는 러시아의 도움을 받아 일본의 간섭에서 벗어나고자 했어요. 일본은 특히 적극적으로 움직이던 명성 황후가 일본을 멀리하고 러시아와 친하게 지내는 것에 불만을 품고 '을미사변'이라는 끔찍한 사건을 일으켰어요. 일본인 자객들이 경복궁에 침입하여 명성 황후를 잔인하게 살해하고 시신까지 불태워 버린 거예요. 한 나라의 **중전**을 이렇게 대우했다는 사실은 조선 말기의 국력이 얼마나 **쇠약**했는지를 보여 줘요.

　이 사건으로 인해 고종은 큰 슬픔과 공포를 느꼈어요. 그리고 더 이상 왕궁에 머무는 것이 위험하다고 판단하여 고종은 러시아 공사관으로 피신하는데, 이를 '아관 파천'이라고 해요. '아관'은 러시아 공사관을, '파천'은 임금이 궁궐을 떠나 다른 곳으로 옮겨 가는 것을 의미해요. 그렇게 고종은 약 1년 동안 러시아 공사관에 머물렀고, 이로 인해 이번에는 조선에 러시아의 영향력이 커지게 되었어요. 결국 조선은 강대국 사이에서 자주권을 지키기가 더욱 어려워졌어요.

　을미사변과 아관 파천은 조선이 **열강**의 **각축장**이 되어 가는 과정을 보여 주는 사건이에요. 조선은 일본과 러시아라는 두 강대국 사이에서 균형을 잡으려 했으나 오히려 더 큰 위기에 처하게 되었고, 결과적으로 국권 상실의 길로 이어지는 계기가 되었어요.

- **중전**: 조선 시대에 왕의 정식 부인인 왕비를 높여서 부르는 말.
- **쇠약**: 힘이 약해지고 기운이 없어진 상태.
- **열강**: 군사력과 경제력이 강한 여러 나라.
- **각축장**: 여러 세력이 서로 이기려고 치열하게 경쟁하는 곳.

내용 깊이 알아보기

1. 을미사변은 어떤 사건인가요?

_____

_____

2. 을미사변 이후 고종은 어떻게 하였나요?

_____

_____

3. 만약 여러분이 고종이었다면, 을미사변 이후 어떤 결정을 내렸을 것 같은지 써 보세요.

_____

_____

한 줄 정리

을미사변과 **아관 파천**은 조선 말기 강대국 사이에서 조선이 겪은 어려움을 보여 주는 역사적 사건이다.

여기서 잠깐, 상식 노트

아관 파천 이후 조선에 대한 러시아의 영향력은 커지고 일본의 영향력은 일시적으로 약화되었다. 하지만 러일 전쟁에서도 일본이 승리하면서 결국 조선은 일본의 지배하에 놓이게 되었다.

정답: 1. 을미사변은 일본인들이 경복궁에 침입하여 명성 황후를 살해했던 사건. 2. 러시아 공사관으로 피신을 갔다.

배경지식 더하기

일본의 만행과 단발령

☞ 을미사변으로 명성 황후가 시해된 후 조선에서 일본의 영향력은 더욱 커졌다. 명성 황후는 러시아와 친밀한 관계를 유지하며 일본의 조선 진출을 견제하려 했으나, 결국 비극적인 죽음을 맞았다.

◆ 명성 황후

◆ 을미사변이 일어난 경복궁의 건청궁

ⓒ국가유산포털

📖 이후 일본은 조선 내정에 더 깊이 개입했고, 친일 세력이 정치적으로 큰 힘을 갖게 되었다. 일본은 을미개혁이라는 이름으로 여러 개혁을 진행했는데 그중 가장 큰 반발을 산 것이 '단발령'이었다. 이는 남자들의 상투를 자르고 짧은 머리를 하도록 강제하는 명령이었다.

◆ 단발 지령서　　　　　　　　　　　　　　©숭실대학교-한국기독박물관

조선 시대 사람들은 유교 사상에 따라 부모님이 물려주신 몸을 함부로 하지 않는다(신체발부 수지부모)는 의미로 머리카락을 자르지 않았다. 머리카락을 자르는 것은 부모에 대한 불효로 여겼다. 일본이 실시한 단발령은 이러한 조선의 전통적 가치관을 무시한 정책이었다. 유생들은 을미사변과 단발령에 강력하게 반발하였지만 일본은 군대를 동원해 강제로 상투를 잘랐다. 이러한 강압적인 단발령 시행은 민족의 자존심에 큰 상처를 남겼다.

대한 제국의 수립과 국권 피탈

아관 파천으로 러시아 공관에서 머물던 고종은 1년 만에 경운궁(현재의 덕수궁)으로 돌아왔어요. 고종은 조선이 자주독립 국가임을 세계에 알리고 새로운 마음으로 나라를 운영하고 싶었어요. 그래서 국호를 '대한 제국'으로 바꾸고 **환구단**에서 황제 **즉위식**을 거행하여 자신이 황제가 되었음을 **선포**했어요. 대한 제국은 **근대 국가**로 도약하기 위해 외국의 문물을 적극적으로 받아들였어요. 서울 거리에는 전차가 다니기 시작했고, 전깃불도 켜졌어요. 서양식 병원과 우체국, 은행이 도입되었고 근대 학교를 설립했어요. 외국으로 유학생을 파견하여 인재를 키우기도 했어요. 그러나 러일 전쟁에서 일본이 승리하면서 대한 제국의 상황은 악화되었어요.

1905년, 일본은 우리나라의 **외교권**을 빼앗기 위해 을사늑약을 강제로 체결했어요. 이로써 대한 제국은 외국과 독자적으로 외교 관계를 맺을 수 없게 되었어요. 고종 황제는 을사늑약이 불법이라는 것을 세계에 알리기 위해 네덜란드 헤이그에서 열린 '만국 평화 회의'에 특사를 파견했지만 일본의 방해로 헤이그 특사는 회의장에 들어가지도 못했어요. 일본은 오히려 이 일을 구실로 고종 황제를 강제로 물러나게 했어요. 결국 1910년, 일본의 강압적인 한일 병합 조약으로 대한 제국은 **국권**을 완전히 상실했고 우리 민족은 일제의 **식민지 지배** 아래 놓이게 되었어요.

- **환구단**: 고려 시대부터 하늘과 땅에 제사를 지내던 곳.
- **즉위식**: 왕이나 황제가 정식으로 왕위에 오르는 의식.
- **선포**: 공식적으로 널리 알리는 행위.
- **근대 국가**: 전통 사회에서 벗어나 현대적 제도를 갖춘 국가.
- **외교권**: 다른 나라와 외교 관계를 맺고 조약을 체결할 수 있는 권리.
- **국권**: 한 국가가 독립국으로서 가지는 모든 권리와 권한.
- **식민지 지배**: 한 국가가 다른 국가를 장악하여 지배하는 체제.

🔍 **내용 깊이 알아보기**

1. 대한 제국이 도입한 근대 문물에는 어떤 것들이 있었나요?

_____

_____

2. 고종 황제는 왜 헤이그 특사를 파견하였나요?

_____

_____

3. 대한 제국의 국권을 완전히 상실하게 한 조약의 이름은 무엇인가요?

_____

한 줄 정리

조선은 나라 이름을 대한 제국으로 바꾸고 근대 국가로 도약을 꿈꿨지만 을사늑약으로 외교권을 빼앗기며 결국 한일 병합 조약으로 국권을 완전히 상실했다.

여기서 잠깐, 상식 노트

을사늑약은 우리나라의 외교권을 빼앗는 불평등한 조약이었으나 고위 대신이었던 이완용을 비롯한 5명의 찬성으로 체결되었다. 이들은 개인의 이익을 위해 국권을 팔아넘겼다는 비난을 받고 있으며 '을사오적'이라는 민족 반역자의 대명사가 되었다.

정답: 1. 전차, 전깃불, 우체국, 은행 등. 2. 을사늑약의 부당함을 세계에 알리기 위해. 3. 한일 병합 조약.

배경지식 더하기

항일 의병 운동

👉 고종은 나라 이름을 '대한 제국'으로 바꾸고 스스로를 황제로 칭하며 근대 국가를 건설하기 위해 노력하였다. 하지만 을사늑약이 체결되면서 대한 제국은 국가의 기능을 상실해 갔다.

◆ 을사오적(이지용, 이완용, 이근택, 박제순, 권중현)

👉 고종은 을사늑약이 무효임을 알리기 위해 이준, 이상설, 이위종을 헤이그 특사로 파견했다. 백성들은 곳곳에서 의병 운동을 일으켰는데, 의병장들 중에는 신돌석처럼 평민 출신도 있었다. 이는

◆ 헤이그 특사(이준, 이상설, 이위종)

신분과 관계없이 온 민족이 항일 운동에 참여했음을 보여 준다. 일본의 군사력에 밀려 후퇴한 의병들은 만주와 연해주 지역에서 독립군이 되어 독립운동을 이어 나갔다.

☞ 특히 1909년, 안중근은 조선 침략에 앞장선 이토 히로부미가 만주에 온다는 소식을 듣고 하얼빈 역에서 그를 처단했다. 안중근은 사형을 선고받는 재판정에서도 당당하게 일본의 조선 침략의 부당함을 지적했으며, 동양 평화론 주장하였다.

◆ 도마 안중근

☞ 이회영은 가문의 재산을 모두 팔아 독립군을 양성하는 '신흥 무관 학교'를 설립하였고, 안창호는 미국에서 흥사단을 조직해 한인 이민자들을 도우며 한국인을 단결시키고 힘을 키우려 하였다.

◆ 우당 이회영

◆ 도산 안창호

독립 선언서와 3·1 운동

국권을 빼앗긴 우리나라는 일제의 지배 아래 매우 힘든 시기를 보냈어요. 일본은 경찰과 군대를 이용해 무력으로 조선 사람을 감시하고 괴롭혔어요. 1919년 1월에는 고종 황제가 돌아가셨는데 사람들은 일본이 고종 황제를 **독살**했다고 의심하며 분노하고 있었어요.

한편 그 무렵 유럽에서는 제일 차 세계 대전이 끝나면서 미국의 윌슨 대통령은 '민족 자결주의'를 제안했어요. 민족 자결주의란 '모든 민족은 다른 민족의 간섭을 받지 않고, 스스로 나라의 운명을 결정할 권리가 있다'는 생각이에요. 한국의 독립운동가들은 이 사상이 우리가 일제에 독립을 요구할 좋은 **명분**이라고 생각했어요.

독립운동가들은 고종의 장례식이 예정된 3월 3일에 맞춰 독립운동을 계획했어요. 그리고 예정보다 이틀 앞당긴 1919년 3월 1일, 종교계 지도자들이 중심이 된 민족 대표 33인은 한국이 독립 국가라는 것을 알리는 독립 선언서를 **낭독**했어요. 같은 날 학생들과 시민들도 탑골 공원에 모여 독립 선언서를 읽고 "대한 독립 만세!"를 외쳤어요. 이렇게 시작된 만세 운동은 전국 방방곡곡으로 퍼져 나갔어요. 남녀노소 구분 없이 많은 사람이 참여했고, 남을 해치는 일 없이 평화롭게 진행되었어요. 하지만 일제는 만세를 외치는 것이 전부였던 **비폭력** 평화 시위를 총검으로 잔인하게 **탄압**했어요. 3·1 운동은 비록 일제의 탄압으로 아쉽게 막을 내렸지만, 우리 민족의 독립 의지를 전 세계에 알린 계기가 되었어요.

- **독살**: 독약을 사용해 사람을 몰래 죽이는 행위.
- **명분**: 어떤 행동이나 주장을 정당화하는 이유나 근거.
- **낭독**: 글을 소리 내어 읽는 것.
- **비폭력**: 폭력을 사용하지 않는 방식.
- **탄압**: 강압적인 힘으로 억누르고 자유를 빼앗는 행위.

🔍 **내용 깊이 알아보기**

1. 민족 자결주의란 무엇인가요?

_____

_____

2. 3·1 운동의 특징은 무엇이었나요?

_____

_____

3. 3·1 운동의 의의를 써 보세요.

_____

_____

한 줄 정리

==1919년 3월 1일, 민족 대표 33인의 독립 선언서 낭독 이후 대한 독립 만세를 외치는 비폭력 평화 시위가 전국으로 퍼져 나갔다.==

여기서 잠깐, 상식 노트

3·1 운동의 정신을 이어받아 같은 해 4월, 중국 상하이에서는 대한민국 임시 정부가 수립되었다. 임시 정부의 초대 대통령인 이승만은 한국의 독립을 국제 사회에 알리는 역할을 했다.

정답: 1. 모든 민족은 다른 민족의 간섭을 받지 않고, 스스로 나라의 운명을 결정할 수 있다는 사상. 2. 남녀노소 구분 없이 사람들이 참여하였고, 이를 폭력적, 무자비하게 진압하였다. 3. 우리 민족의 독립 의지를 전 세계에 알린 민족 운동이다.

배경지식 더하기

일제의 탄압과 유관순 열사

☞ 1919년, 독립 선언서가 낭독된 후 3·1 운동이 전국으로 확산되자 일제는 무자비한 탄압을 시작했다. 가장 잔인했던 사건은 화성 제암리 학살 사건이다. 일본 군인들은 제암리 교회에 주민들을 가두고 불을 질러 무고한 많은 사람을 죽였다.

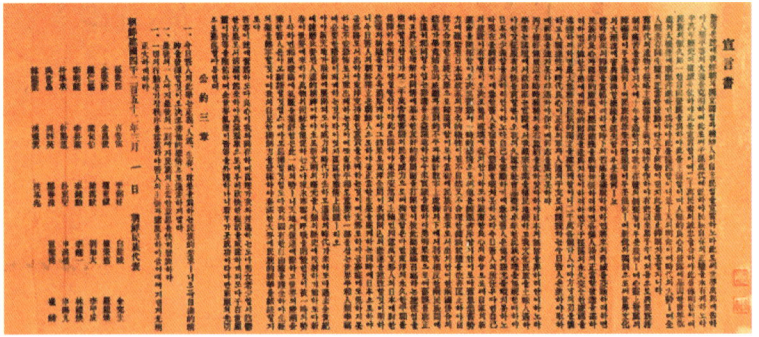
◆ 기미 독립 선언서: 제국주의의 침략을 반대하고 우리나라의 독립을 선언하는 내용

◆ 파괴된 제암리 마을

ⓒ독립기념관

☞ 끔찍한 탄압 속에서도 독립을 위한 만세 운동은 계속되었다. 당시 이화 학당에 다니던 유관순은 16세의 어린 나이였음에도 충청남도 천안의 아우내 장터에서 만세 운동을 이끌었다. 유관순의 아버지와 어머니 역시 만세 운동 중 일본 경찰의 총에 맞아 생을 마감했고, 유관순은 서대문 형무소에 갇혔다. 유관순은 감옥 안에서도 대한 독립 만세를 외치며 당당히 맞섰지만 결국 일제의 모진 고문으로 18세의 어린 나이로 옥중에서 순국했다.

◆ 유관순 열사

◆ 서대문 형무소

ⓒ국가유산포털

우리 문화를 지키기 위한 노력

3·1 운동은 일본에게 큰 충격을 주었어요. 그래서 일본은 조선을 다스리는 방법을 바꾸기로 했어요. 총칼로 강압적이고 폭력적으로 지배하던 방식 대신 '문화 통치'라는 방식을 쓰기로 했어요. 하지만 이것은 겉으로만 부드러워 보이는 것이었고, 실제로는 더 **교묘한** 방법으로 우리 민족을 괴롭혔어요. 일본은 조선인들 중에서 자신들의 편이 될 사람들을 골라 **특혜**를 주었어요. 이렇게 해서 **친일파**가 된 사람들은 일본의 편에 서서 같은 조선인을 괴롭혔어요.

또한 일본은 우리 민족의 정신을 **말살**하려고 했어요. 그래서 조선인들에게 일본의 토속신이나 왕실의 조상을 신으로 모신 사당에 **신사 참배**를 강요했어요. 조선인의 성과 이름도 일본식으로 바꾸도록 일본식 성명을 강요하는 한편, 일본인과 조선인을 차별없이 가르친다던 학교에서는 우리말을 쓰지 못하고 일본어만 써야 했으며, 우리나라의 역사도 배우지 못했어요. 이러한 상황에서 우리 민족의 정신을 지키기 위해 많은 이가 끊임없이 노력했어요. 주시경 선생은 『국어 문법』이라는 책을 써 우리말의 문법 체계를 정립했고, 주시경 선생의 제자들은 조선어 학회를 이끌며 『우리말 큰 사전』을 편찬하기 위해 노력했어요. 신채호 선생은 『조선사 연구초』, 『이순신전』, 『을지문덕전』 등을 집필하여 우리나라 역사를 알리고 민족정신을 지켜 나갔어요. "역사를 잊은 민족에게 미래는 없다."라는 신채호 선생의 말씀은 지금도 우리에게 큰 울림을 주고 있어요.

- **교묘한:** 솜씨나 방법이 매우 재치 있게 약삭빠르고 묘함.
- **특혜:** 특별히 베푸는 혜택이나 이익.
- **친일파:** 일제 강점기에 일제의 침략 정책을 지지하고 따른 무리.
- **말살:** 무엇인가를 완전히 없애거나 지워 버리는 행위.
- **신사 참배:** 일제 강점기 때 일본 신사에 강제로 참배하도록 한 정책.

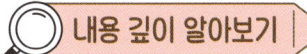 내용 깊이 알아보기

1. 다음 중 일제의 '문화 통치' 정책과 관련이 없는 것은 무엇인가요?

① 신사 참배 강요　　　② 일본식 성명 강요

③ 한글 교육 장려　　　④ 일본어 사용 강제

2. 『국어 문법』이라는 책을 써 우리말의 문법 체계를 정립한 사람은 누구인가요?

_____

3. 신채호 선생이 『이순신전』, 『을지문덕전』을 집필한 이유는 무엇인가요?

_____

_____

한 줄 정리

3·1 운동 이후 일제는 신사 참배와 일본식 성명을 강요하였으나 우리 민족은 우리의 고유한 언어와 역사를 지키기 위해 노력했다.

여기서 잠깐, 상식 노트

미국에서 선교사로 우리나라에 왔던 호머 헐버트도 우리 문화를 지키기 위해 힘을 모았다. 그는 한글의 우수성을 연구하고 세계에 알렸으며 한글에 띄어쓰기, 마침표, 쉼표 등을 도입하여 한글 문장을 쉽게 읽도록 하는 데 크게 기여하였다.

정답: 1. ③ 2. 주시경 3. 우리나라 역사를 돌리고 민족정신을 지켜 나가게 위해서.

배경지식 더하기

조선 총독부

☞ 1910년 한일 병합 이후 일본은 조선을 직접 통치하기 위해 조선 총독부를 세웠다. 조선 총독부 청사는 조선 왕실의 상징인 경복궁 앞에 의도적으로 배치되었다.

◆ 조선 총독부(1971년) ©한국저작권위원회

☞ 조선 총독부는 식민지 통치 기간 동안 한국인의 민족 정체성을 억압하고, 일본식 교육과 문화를 강요하는 '동화 정책'을 실시했다. 이에 맞서 우리나라 국어 학자들은 한국어와 한글의 보존과 발전을 위해 힘을 썼다. 조선어 학회를 설립하고 전국 각지의 방언, 고어, 신조어 등을 수집하였으며 한글 맞춤법 통일안과 표준어를 제정하였다. 우리말 사전 편찬 사업도 추진하였으나 일제의 탄압으로 완성하지 못하였다. 하지만 조선어 학회의 활동은 해방 후 출간된 『조선말 큰 사전』 편찬의 기초가 되었다.

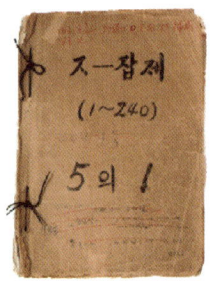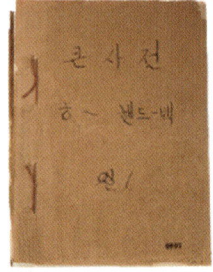

◆ 『조선말 큰 사전』

◆ 조선어 학회 사건 수난 동지회(1946년) ©독립기념관

☞ 신채호 같은 역사학자들도 일제의 문화 통치에 맞서 우리 민족의 역사를 지키기 위해 노력하였다. 『조선사 연구초』 등을 저술하여 우리나라 고대사를 체계적으로 정리하고, 단군을 우리민족의 시조로 강조하며 민족의 자긍심을 일깨웠다.

◆ 단재 신채호

☞ 한편 1945년 일본이 제이 차 세계 대전에서 패배한 후 조선 총독부는 해체되었고, 조선 총독부 건물은 식민지 지배의 상징으로 여겨져 1995년에 완전히 철거되었다.

우리 민족의 저항

　우리 민족의 독립에 대한 의지는 날로 커졌어요. 김구 선생은 대한민국 임시 정부를 이끌면서 일제의 주요 인물을 **처단**하기 위해 한인 애국단을 만들었어요. 한인 애국단의 대표적인 **의거**로는 '이봉창 의사의 의거'와 '윤봉길 의사의 의거'가 있어요. 이봉창 의사는 도쿄에서 일왕이 탄 마차를 향해 폭탄을 던졌어요. 비록 폭탄이 목표를 맞히지는 못했으나, 이 사건은 일본을 놀라게 했어요. 윤봉길 의사는 상하이에서 일본군 고위 **장성**들이 모인 자리에 폭탄을 던졌어요. 이 사건으로 일본의 주요 인사들이 죽거나 다치면서 전 세계에 한국의 독립 의지를 알릴 수 있었어요.

　우리 조상들이 무력으로만 독립 의지를 드러낸 것은 아니었어요. 일제의 탄압에 저항하고 민족정신을 지키려 노력한 저항 시인들도 있었지요. 윤동주 시인은 「서시」, 「별 헤는 밤」 같은 아름다운 시를 남겼어요. "죽는 날까지 하늘을 우러러 한 점 부끄럽지 않기를"로 시작하는 「서시」는 일제 강점기를 살아가는 지식인으로서의 **양심**을 노래하고 있어요. 이육사 시인은 독립운동으로 감옥에 갇혔을 때 사용하던 **수감 번호** 264를 자신의 호로 삼았어요. 「광야」, 「청포도」 등의 시에 독립에 대한 희망을 담았어요. 승려였던 한용운은 독립운동을 하다가 여러 차례 **투옥**되었지만 「님의 침묵」과 같은 시를 쓰며 독립을 향한 의지를 드러냈어요.

- **처단:** 죄를 지은 사람을 처벌하거나 제거함.
- **의거:** 정의나 대의를 위해 목숨을 걸고 행하는 항거 행위.
- **장성:** 군대의 높은 직책을 통틀어 이르는 말.
- **양심:** 옳고 그름을 판단하는 내면의 도덕적 기준.
- **수감 번호:** 감옥에서 죄수에게 부여하는 식별 번호.
- **투옥:** 감옥에 가두는 행위.

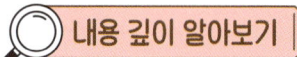 내용 깊이 알아보기

1. 한인 애국단을 조직한 목적은 무엇인가요?

_____

2. 이봉창 의사와 윤봉길 의사의 의거 내용을 정리해 보세요.

1)	도쿄에서 일왕이 탄 마차를 향해 폭탄을 던졌다.
2)	상하이에서 일본군 고위 장성들이 모인 자리에 폭탄을 던졌다.

3. 저항 시인과 그의 작품을 바르게 연결해 보세요.

1) 윤동주 •   • ⓐ 「광야」, 「청포도」

2) 이육사 •   • ⓑ 「님의 침묵」

3) 한용운 •   • ⓒ 「서시」, 「별 헤는 밤」

한 줄 정리

김구 선생이 이끈 한인 애국단의 무력 투쟁과 윤동주, 이육사, 한용운 같은 저항 시인의 작품을 통해 우리 민족의 독립 의지가 표출되었다.

여기서 잠깐, 상식 노트

1940년에는 대한민국 임시 정부에서 한국광복군을 창설했다. 광복군은 일본에 선전 포고를 하고, 연합군의 일원으로 일본군에 맞서 싸웠다. 그리고 국내로 들어가 일본과 전쟁을 통해 독립을 쟁취할 계획을 세웠지만 일본이 갑작스럽게 연합군에 항복하면서 계획은 실행되지 못했다.

정답: 1. 일제의 주요 인물을 처단하기 위해. 2. 1) 이봉창 의사, 2) 윤봉길 의사. 3. 1) ⓒ, 2) ⓐ, 3) ⓑ

배경지식 더하기

독립투사와 저항 시인

👉 일제의 탄압이 갈수록 교묘해졌지만 우리나라는 포기하지 않고 다양한 방식으로 일제에 저항하였다.

서시

윤동주

죽는 날까지 하늘을 우러러

한 점 부끄럼이 없기를,

잎새에 이는 바람에도

나는 괴로워했다.

별을 노래하는 마음으로

모든 죽어 가는 것을 사랑해야지.

그리고 나한테 주어진 길을

걸어가야겠다.

오늘 밤에도 별이 바람에 스치운다.

청포도

이육사

내 고장 칠월은

청포도가 익어 가는 시절

이 마을 전설이 주저리주저리 열리고

먼 데 하늘이 꿈꾸며 알알이 들어와 박혀

하늘 밑 푸른 바다가 가슴을 열고

흰 돛단배가 곱게 밀려서 오면

내가 바라는 손님은 고달픈 몸으로

청포를 입고 찾아온다고 했으니

내 그를 맞아 이 포도를 따 먹으면

두 손은 함뿍 적셔도 좋으련

아이야 우리 식탁엔 은쟁반에

하이얀 모시 수건을 마련해 두렴

8·15 광복과 대한민국 정부 수립

　1941년, 일제는 미국 하와이 진주만을 기습 공격하여 태평양 전쟁을 일으켰어요. 그러자 미국은 일본의 히로시마와 나가사키에 **원자 폭탄**을 **투하**했어요. 두 도시는 순식간에 파괴되었고, 수많은 사람이 목숨을 잃었어요. 원자 폭탄의 위력에 놀란 일본은 무조건 항복을 선언했고, 전쟁이 끝나며 우리나라도 광복을 맞이했어요. 그런데 일제의 탄압에서 벗어났다는 기쁨도 잠시, 우리나라는 다시 혼란스러워졌어요. 북위 삼팔도선을 경계로 북쪽에는 소련군이, 남쪽에는 미국군이 들어왔기 때문이에요. 그리고 미국, 영국, 소련의 외무 장관이 모스크바에 모여 우리나라를 **신탁 통치**하기로 결정했어요.

　김구 선생은 남북 협상을 통해 통일 정부를 세우려고 노력했지만, 미국과 소련의 대립으로 **난항**이었어요. 미국의 영향 아래 있던 남한은 자유 **민주주의**와 자본주의를, 소련의 영향 아래 있던 북한은 사회주의와 공산주의를 추구했기 때문에 의견이 좁혀지지 않았지요. 결국 1948년 5월 10일에 남한에서만 총선거가 실시되었고, 이승만이 첫 번째 대통령으로 선출되었어요. 이승만 대통령은 1948년 8월 15일, '대한민국 정부 수립'을 선포했어요. 북한은 김일성이 주축이 되어 같은 해 9월, '조선 민주주의 인민 공화국'이라는 이름으로 별도 정권을 수립했어요. 이렇게 우리나라는 광복 이후 3년 만에 독립된 국가가 되었지만, 삼팔도선을 경계로 남과 북으로 나뉘게 되었어요.

- **원자 폭탄**: 핵분열로 거대한 파괴력을 내는 폭탄.
- **투하**: 위에서 아래로 떨어뜨림.
- **신탁 통치**: 다른 나라가 일정 기간 관리하는 통치 방식.
- **난항**: 일이 순조롭게 진행되지 않고 어려움을 겪음.
- **민주주의**: 국민이 권력의 주체가 되어 정치에 참여하는 제도.

🔍 **내용 깊이 알아보기**

1. 일본이 무조건 항복을 선언한 계기는 무엇인가요?

_____

_____

2. 광복 이후 남북한에 각각 어떤 나라의 군대가 주둔하게 되었나요?

- 남한: (   )

- 북한: (   )

3. 우리나라의 첫 번째 대통령으로 누가 선출되었나요?

_____

📝 **한 줄 정리**

우리나라는 광복을 맞이했으나 <mark>신탁 통치</mark>가 결정되었고, <mark>미국과 소련</mark>의 이념 갈등으로 남과 북에 각각 다른 정부가 수립되었다.

✏️ **여기서 잠깐, 상식 노트**

자본주의는 개인이 자기 물건과 회사를 소유하고 자유롭게 경제 활동을 할 수 있는 경제 체제이고, 공산주의는 모든 것을 함께 나누는 경제 체제이다. 제이 차 세계 대전 이후 미국을 중심으로 한 자본주의와 소련을 중심으로 한 공산주의의 이념 대립이 계속되었다.

정답: 1. 미국이 일본 히로시마와 나가사키에 원자 폭탄을 특히 떨어뜨렸기 때문에. 2. 남한에는 미국군, 북한에는 소련군. 3. 이승만.

배경지식 더하기

광복 이후의 혼란

☞ 태평양 전쟁에서 패배한 일본은 무조건 항복을 선언하고, 우리나라는 독립을 맞이했다.

◆ (왼)히로시마와 (오)나가사키에 원자 폭탄 투하 장면

☞ 1945년 12월에 열린 모스크바 삼국 외상 회의 (미국·영국·소련)에서는 한반도의 신탁 통치가 결정되었다. 미국, 소련 등 강대국이 한반도를 관리하면서 차츰 독립 국가로 성장시키겠다는 것이었다.

◆ 미소 공동 위원회

◆ 우남 이승만

👉 이 결정이 알려지자 한국인들은 크게 반발했다. 특히 이승만과 김구는 우리나라가 이미 독립할 준비가 되어 있다며 신탁 통치를 반대했다. 하지만 두 사람은 대한민국 정부 수립 방식에 차이를 보였다. 이승만은 남한만이라도 정부를 수립해야 한다고 주장했다.

👉 반면 김구는 통일된 독립 국가를 세워야 한다고 주장했다. 남한의 단독 정부 수립이 민족의 분열을 가져올 것이라 우려한 것이다. 김구는 통일 정부를 수립하고자 북한의 김일성을 찾아가기도 하였으나 김일성은 민족의 통일보다는 공산주의 체제를 퍼뜨리는 데 더 관심을 두고 있었다. 결국 남한 단독 정부가 수립되어 이승만은 우리나라의 초대 대통령이 되었다. 김구는 이후에도 단독 정부 수립을 반대하는 정치 활동을 이어 갔으나, 1949년 자신의 집무실에서 암살을 당했다.

◆ 백범 김구

한국 전쟁과 남북 분단

　남과 북에 각각 다른 정부가 세워진 후, 남북 갈등은 더욱 심해졌어요. 급기야 북한은 소련의 도움으로 군사력을 키워 1950년 6월 25일 새벽, 남침을 **감행**했어요. 북한의 **기습** 공격으로 우리나라는 3일 만에 서울을 빼앗겼고, 군대는 계속 후퇴하다가 낙동강까지 밀리게 됐어요. 다행히 미국을 비롯한 연합군이 남한을 돕기로 결정했고, 맥아더 장군의 '인천 상륙 작전'이 성공하면서 남한은 다시 서울을 되찾고 압록강까지 **진격**할 수 있었어요. 하지만 중국 인민 해방군이 북한을 돕기 시작하면서 상황은 다시 **급변**했어요. 국군과 유엔군은 후퇴해야 했고, 삼팔선 부근에서 치열한 싸움이 계속되었어요.

　이 전쟁에서 많은 군인과 민간인이 목숨을 잃었고, 전쟁고아와 **이산가족**이 생겼어요. 전국의 건물과 도로, 다리가 파괴되었으며 숭례문, 보신각, 수원 화성 등 수많은 문화재가 훼손되거나 불에 타 없어졌어요. 식량과 생필품도 부족해 많은 사람이 가난에 허덕여야 했어요. 이렇게 남한과 북한 모두에게 막심한 피해와 고통을 준 한국 전쟁은 3년이 지나서야 멈추었어요. 1953년 7월 27일, 양측은 **정전 협정**을 맺었어요. 하지만 이것은 전쟁을 완전히 끝내는 평화 협정이 아닌, 잠시 전쟁을 멈추자는 약속이었어요. 그 이후 우리나라는 지금까지도 휴전선을 경계로 남과 북이 나뉘어 있어요.

- **감행:** 어려움을 무릅쓰고 과감하게 행동으로 옮김.
- **기습:** 상대가 예상치 못한 때 갑자기 공격함.
- **진격:** 적을 쓰러트리기 위해 적극적으로 앞으로 나아감.
- **급변:** 상황이 갑자기 크게 바뀜.
- **이산가족:** 전쟁이나 분단으로 헤어진 가족.
- **정전 협정:** 전쟁 중단을 약속하는 공식 합의.

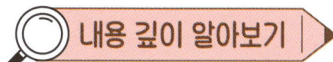

1. 낙동강까지 밀렸던 남한의 전세를 역전시킨 작전은 무엇인가요?

___

2. 다음 중 한국 전쟁의 결과로 볼 수 없는 것은 무엇인가요?

① 많은 군인과 민간인의 희생　　② 전쟁고아와 이산가족의 발생

③ 남북한 통일 정부 수립　　　　④ 문화재의 파괴와 훼손

3. 전쟁이 일어나면 안 되는 이유에 대해 써 보세요.

___

한 줄 정리

북한의 기습 남침으로 한국 전쟁이 시작되었고, 3년 간의 치열한 전쟁 끝에 정전 협정을 맺었으나 휴전선을 경계로 남과 북이 나뉘게 되었다.

여기서 잠깐, 상식 노트

인천 상륙 작전은 한국 전쟁 중이던 1950년 9월 15일, 맥아더 장군의 지휘 아래 이루어졌다. 이 작전의 성공은 밀리던 전세를 단숨에 역전시켰으며, 서울과 삼팔선 탈환으로 이어졌다. 인천 상륙 작전은 전쟁 역사상 가장 성공적인 상륙 작전으로 평가받는다.

정답: 1. 맥아더 장군의 인천 상륙 작전 2. ③

배경지식 더하기

동족상잔의 비극

6·25 전쟁이라고도 불리는 한국 전쟁은 같은 민족인 한국 사람끼리 서로 싸우고 죽였던 동족상잔의 비극이었다. 일제 치하에서도 조국의 독립을 위해 함께 힘을 모았던 우리 민족은 이념 전쟁에 휘말려 완전히 분열되었다. 3년이 넘는 전쟁을 겪으며 한반도는 폐허가 되었고, 한국 전쟁 이후 우리나라는 세계에서 가장 가난한 나라로 전락하였다.

◆ 한국 전쟁의 전개 과정

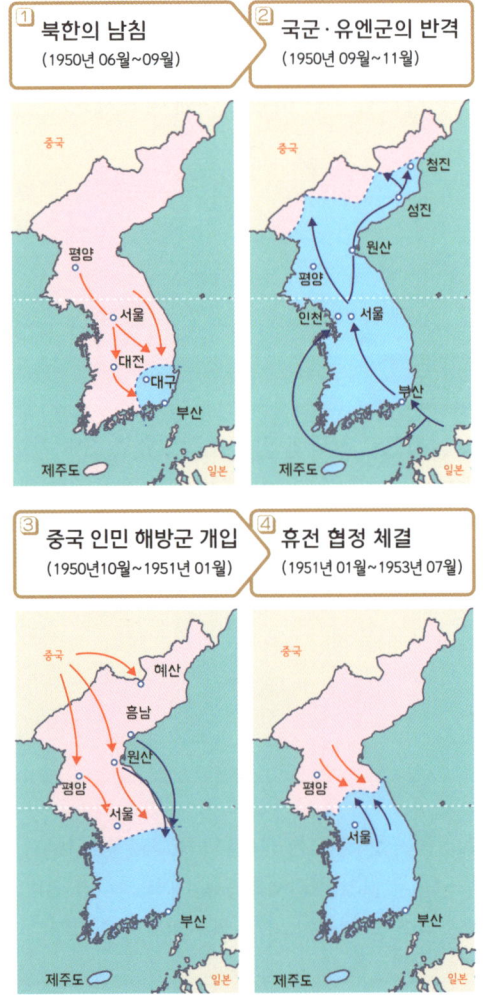

① 북한의 남침 (1950년 06월~09월)
② 국군·유엔군의 반격 (1950년 09월~11월)
③ 중국 인민 해방군 개입 (1950년 10월~1951년 01월)
④ 휴전 협정 체결 (1951년 01월~1953년 07월)

한국 전쟁으로 이산가족과 수많은 전쟁고아가 생겨났다. 또 전 국토가 폐허가 되었으며, 수원 화성, 경주 불국사 등 소중한 문화재도 파괴되거나 훼손되었다. 정전이 된 후에도 이산가족과 전쟁고아들의 아픔은 오랫동안 우리 사회의 아픈 상처로 남았다.

◆ 전쟁고아

◆ 이산가족

◆ 파괴된 수원 화성(1953년)

ⓒ한국저작권위원회

이승만 정권과 4·19 혁명

　대한민국 초대 대통령이었던 이승만은 1948년부터 12년 동안 대통령을 했어요. 이승만 대통령은 독립운동가 출신으로 우리나라의 민주주의를 이끌 지도자로 기대를 받았지만, 점차 **권위적**인 통치자가 되어 갔어요. 대통령이 되고 나서는 자신의 권력을 강화하기 위해 헌법을 여러 번 고치기도 했지요.

　1960년, 이승만 대통령은 네 번째로 대통령이 되기 위해 부정 선거를 계획했어요. **대리 투표**와 투표함 바꿔치기 같은 불법 행위가 전국적으로 벌어졌고, 3인조 공개 투표가 이루어져 비밀 투표의 원칙이 무너지기도 했어요. 부정 선거 소식이 전해지자 마산 학생들을 중심으로 시위가 시작되었어요. 이 과정에서 경찰의 **강경** 진압으로 고등학생 김주열이 **최루탄**에 맞아 숨지는 일이 발생했어요. 학생의 죽음에 분노한 학생들과 시민들의 시위는 더욱 커졌어요. 결국 1960년 4월 19일, 서울의 수많은 시민이 거리로 나와 "이승만 대통령은 물러나라!"라는 구호를 외쳤어요. 대학 교수들도 시위에 동참했고, 언론도 이승만 정권을 비판했어요. 경찰이 시위대를 향해 총을 쏘면서 막아 보려 했지만 그럴수록 시위의 열기는 더욱 거세졌어요. 이것이 바로 4·19 혁명이에요. 결국 4월 26일, 이승만 대통령은 "국민이 원한다면 물러나겠다."라는 **하야** 성명을 발표했어요. 4·19 혁명은 우리나라 최초로 시민의 힘으로 **독재 정권**을 무너뜨린 민주주의 혁명이었어요.

- **권위적**: 일방적으로 명령하고 복종을 요구하는 태도.
- **대리 투표**: 다른 사람을 대신해 투표하는 행위.
- **강경**: 타협 없이 단호하고 엄격한 입장.
- **최루탄**: 눈물과 기침을 유발하는 가스탄.
- **하야**: 공직자가 임기 중 자리에서 물러남.
- **독재 정권**: 한 사람이나 소수가 모든 권력을 지배하는 정부.

내용 깊이 알아보기

1. 삼일오 정부통령 선거는 어떤 방식으로 이루어졌나요?

_____

_____

2. 시민들의 시위가 확산된 계기는 무엇이었나요?

_____

_____

3. 4·19 혁명의 결과와 의의를 써 보세요.

_____

_____

_____

한 줄 정리

이승만 정권의 <u>부정 선거</u>에 항의하여 일어난 4·19 혁명은 시민의 힘으로 독재 정권을 무너뜨린 우리나라 최초의 <u>민주주의</u> 혁명이었다.

여기서 잠깐, 상식 노트

우리나라 최초의 영부인(대통령의 아내)은 외국인이었어요. 이승만 대통령의 부인이 오스트리아 출신의 프란체스카 여사였기 때문이죠. 4·19 혁명 이후 권력에서 물러난 이승만은 프란체스카 여사와 함께 하와이로 망명하여 생을 마감했어요.

정답: 1. 대리 투표, 투표함 바꿔치기, 3인조 공개 투표 등. 2. 김주열 학생의 죽음. 3. 이승만 대통령이 물러났고, 시민의 힘으로 독재 정권을 무너뜨린 민주주의 혁명이다.

배경지식 더하기

선거의 4대 원칙

4·19 혁명은 우리나라 최초의 민주주의 혁명이었다는 점에서 의미가 깊다. 우리나라 헌법 전문에는 '불의에 항거한 4·19 혁명의 정신을 계승'한다고 명시되어 있다.

◆ 김주열 열사

◆ 4·19 혁명 당시 학생들의 시위

◆ 4·19 학생 혁명 기념탑

ⓒ국가보훈부

☞ 헌법에는 선거의 4대 원칙을 정해 두고 모든 국민이 자유롭고 공정하게 투표할 수 있도록 보장하고 있다.

선거의 4대 원칙

보통 선거: 성별, 재산, 학력, 종교 등에 관계없이 모든 국민이 투표할 수 있다. 과거에는 돈이 많은 사람이나 남자만 투표할 수 있었다. 하지만 지금은 만 18세 이상이면 누구나 투표할 수 있다.

평등 선거: 모든 유권자가 똑같이 한 표씩만 행사할 수 있다. 돈이 많다고 해서 더 많은 표를 행사할 수 없다. 대통령이든 평범한 시민이든 모두 똑같은 한 표를 행사할 수 있다.

직접 선거: 유권자가 직접 투표해야 한다. 다른 사람에게 투표를 부탁하거나 맡길 수 없다. 반드시 본인이 직접 투표소에 가서 투표해야 한다.

비밀 선거: 누구에게 투표했는지 다른 사람이 알 수 없도록 해야 한다. 투표소에는 칸막이가 있어서 아무도 보지 못하게 혼자서 투표할 수 있다.

☞ 오늘날에는 선거의 4대 원칙이 당연한 것처럼 여겨지지만, 이는 수많은 시민의 희생과 노력으로 얻어 낸 소중한 권리이다. 따라서 우리에게는 이러한 원칙을 잘 지키고 발전시켜야 할 책임이 있다.

박정희 정권과 새마을 운동

　이승만 대통령 하야 직후 정국이 혼란스러운 틈을 타 1961년 5월 16일, 박정희를 중심으로 한 군인들이 군사 정변을 일으켰어요. 이것을 5·16 **군사 정변**이라고 해요. 이후 박정희는 대통령이 되어 18년 동안 우리나라를 통치했어요. 4·19 혁명으로 얻은 민주주의가 1년도 채 가지 못하고 무너진 것이지요. 박정희 대통령은 '잘 살아 보자'라는 목표를 내세우며 경제 발전에 많은 힘을 쏟았어요. 박정희 정부는 경제 개발 오개년 계획을 세워 **산업화**를 추진했어요. 울산과 포항에 큰 공장들이 세워졌고, 경부 고속 도로가 건설되어 서울에서 부산까지 자동차로 빠르게 다닐 수 있게 되었어요. 또한 많은 한국 청년들이 독일로 가서 **광부**와 간호사로 일했는데, 이들이 번 외화는 우리나라 경제 발전에 큰 도움이 되었어요. 하지만 박정희 대통령은 자신의 권력을 더 강화하기 위해 **유신 헌법**을 만들었어요. 유신 헌법은 대통령의 권한을 매우 크게 만든 법이었어요. 이에 반대하는 사람들은 민주주의를 지키자며 시위를 했지만, 정부는 이를 강하게 막았어요. 특히 대학생들의 민주화 운동을 탄압했고, **언론**의 자유도 제한했어요. 경제는 성장했지만, 노동자들은 낮은 **임금**과 긴 노동 시간에 시달렸고 정부에 반대하는 의견을 자유롭게 말할 수 없었죠. 결국 1979년 10월 26일, 박정희 대통령은 중앙정보 부장 김재규에 의해 생을 마감했어요. 이를 10·26 사태라고 불러요. 이로써 18년 동안의 박정희 시대가 막을 내렸어요.

- **군사 정변:** 군인들이 무력으로 정권을 빼앗는 행위.
- **산업화:** 농업 중심에서 공업 중심으로 경제 구조가 바뀌는 과정.
- **광부:** 광산에서 석탄이나 광물을 캐는 일을 하는 사람.
- **유신 헌법:** 1972년 박정희 정부가 만든 권위주의적 헌법.
- **언론:** 신문, 방송, 잡지 등을 통해 정보와 의견을 대중에게 전달하는 활동.
- **임금:** 노동의 대가로 받는 돈.

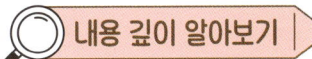 내용 깊이 알아보기

1. 알맞은 내용에 O표 하세요.
- 박정희 대통령은 경제 발전보다 민주주의 발전에 더 힘을 쏟았다.　(　　　)
- 유신 헌법은 대통령의 권한을 강화한 법이었다.　(　　　)
- 10·26 사태는 김재규에 의해 박정희 대통령이 사망한 사건이다.　(　　　)

2. 박정희 정부가 추진한 경제 발전 정책을 써 보세요.

_____

_____

3. 박정희 정부 시기 독일로 파견된 한국 노동자들은 어떤 일을 했나요?

_____

한 줄 정리

5·16 군사 정변으로 집권한 박정희 대통령은 우리나라의 산업화와 경제 성장을 이루었으나, 민주화 운동을 탄압하였다.

여기서 잠깐, 상식 노트

박정희 대통령이 시작한 새마을 운동은 농촌 지역의 발전을 이끌었다. '근면, 자조, 협동'이라는 구호 아래 시작된 이 운동은 우리나라가 가난을 벗어나는 데 큰 역할을 했다. 특히 농촌의 생활 수준을 높이는 데 기여했다.

배경지식 더하기

박정희 대통령 시대의 명암

박정희는 대통령이 되기 위해 군사 쿠데타를 일으켰고 헌법을 바꿔 오랫동안 권력을 쥐려고 하였다. 또 자신의 생각과 다른 의견을 내는 사람들의 자유를 제한하는 등 민주주의에 위배되는 행동을 하였다. 하지만 박정희 대통령은 집권 기간 동안 우리나라 경제 발전에 큰 업적을 남겼다. '경제 개발 오개년 계획'을 세워 체계적으로 산업을 발전시켰고, 새마을 운동을 시작해 농촌의 생활 환경을 개선했다. '잘살아 보세'라는 구호 아래 마을 길을 넓히고, 초가지붕을 슬레이트로 개량했다.

◆ 새마을 운동

ⓒ국가기록원

☞ 또한 경부 고속 도로를 건설해 서울과 부산을 빠르게 연결했다. 이로 인해 물류와 교통이 발달하였고 우리나라의 경제 발전을 가속화할 수 있었다.

◆ 경부 고속 도로 개통

☞ 포항제철(현 포스코)을 세워 철강 산업의 기초를 다진 것도 우리나라가 공업 국가로 발전하는 밑거름이 되었다.

◆ 포항제철 준공

ⓒ국가기록원

전두환 정권과 6월 민주 항쟁

　박정희 대통령이 사망한 뒤, 군인이었던 전두환이 군사 쿠데타를 일으켜 권력을 잡았어요. 오랫동안 민주화를 갈망해 왔던 국민들은 또다시 군부 정권이 수립되는 것을 원하지 않았고, 민주화를 요구하고자 거리로 나섰어요. 그러자 전두환은 1980년 5월, 민주화를 요구하는 광주 시민에게 **계엄군**을 보내 폭력적으로 시위를 진압했어요. 이것이 바로 5·18 민주화 운동이에요. 이때 많은 광주 시민이 다치고 목숨을 잃었어요. 전두환은 **간접 선거**로 대통령이 된 뒤, 국민의 자유를 제한했지만 국민은 포기하지 않고 민주화를 요구했어요. 특히 대학생을 중심으로 민주화 운동이 이어졌어요. 그런데 1987년, 서울대학교에 재학 중이던 박종철 학생이 경찰의 조사를 받다가 **고문**을 당해 사망하는 사건이 발생해요. 이 사건으로 민주화 시위가 확대되었고, 경찰은 시위대를 무력으로 진압했어요. 이때 연세대학교 학생 이한열이 시위 도중 최루탄에 맞아 **사경을 헤매자** 국민들의 분노가 들끓었고, 전국에서 시민과 학생이 민주주의를 요구하며 대규모 항쟁이 일어나는데, 이것을 6월 민주 항쟁이라고 해요. 시민들은 '호헌 철폐', '**독재 타도**'를 외치며 거리로 쏟아져 나왔어요. 결국 전두환과 노태우는 국민들의 요구를 받아들여 대통령 **직선제**를 수용했어요. 그 이후부터 우리나라는 국민 전체가 직접 투표하는 민주적인 선거로 대통령을 뽑고 있어요.

- **계엄군:** 계엄령 시행 중 투입된 군대.
- **간접 선거:** 대표자를 통해 간접적으로 선출하는 선거 방식.
- **고문:** 육체적·정신적 고통을 주어 자백이나 정보를 얻는 행위.
- **사경을 헤매다:** 죽음의 위험에서 고통스럽게 버티는 상태.
- **독재 타도:** 독재 체제를 무너뜨리고자 하는 행위.
- **직선제:** 직접 선거 제도를 줄인 말로 유권자가 직접 대표자를 선출하는 선거 방식.

🔍 **내용 깊이 알아보기**

1. 6월 민주 항쟁의 원인이 된 사건을 써 보세요.

2. 6월 민주 항쟁의 결과를 써 보세요.

3. 민주주의를 이루기 위해 희생하신 분들께 감사하는 마음을 담은 편지를 써 보세요.

한 줄 정리

전두환 정권은 5·18 민주화 운동을 폭력적으로 진압하고 독재 정치를 이어 갔으나, 6월 민주 항쟁의 결과로 대통령 직선제가 수용되어 한국 민주주의의 새로운 장이 열렸다.

여기서 잠깐, 상식 노트

국민들은 직선제로 직접 대통령을 선출하고 싶어 했으나 전두환 정부는 4·13 호헌 조치를 통해 당시 간접 선거가 명시되어 있던 헌법을 바꾸지 않겠다고 선언하였다. 그래서 시민들은 호헌 철폐를 외치며 시위를 이어 나갔다.

정답: 1. 박종철 학생 고문 치사 사건, 이한열 학생 최루탄에 숨진 사건. 2. 대통령 직선제가 수용되었다.

배경지식 더하기

1980년대 민주화 운동의 중심

☞ 1980년대 민주화 운동의 중심에는 대학생들이 있었다. 당시 대학생들은 '운동권'이라고 불렸는데, 이들은 독재 정권에 맞서 민주주의를 요구하는 시위를 주도했다. 정부는 이런 학생들의 움직임을 막기 위해 캠퍼스 내에 경찰을 상주시켰다. 또한 학생회를 해산시키고, 시위 주동자들을 체포해 강제로 군대에 보내기도 했다. 그럼에도 학생들의 저항은 계속되었고, 이들의 용기에 감동한 많은 시민이 민주화 운동에 동참하게 되었다.

◆ 6월 민주 항쟁

☞ 1987년 6월 민주화 운동의 시발점이 된 박종철 열사는 서울대학교 학생이었으며, 시위 과정에서 최루탄에 맞아 숨진 이한열 열사는 연세대학교 학생이었다. 대학생들의 죽음은 민주 항쟁이 전국으로 확대되는 계기가 되었다. 이처럼 1980년대 대학생들의 헌신과 희생은 오늘날 우리나라 민주주의의 토대가 되었다.

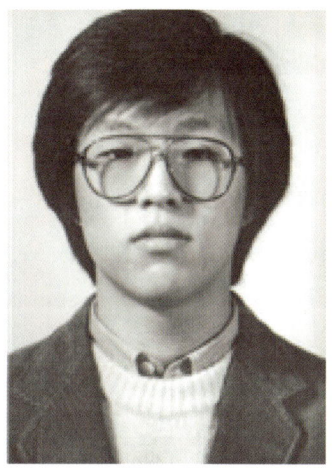

◆ 박종철 열사: 1987년, 서울대학교 학생으로 민주화 운동을 하다 치안 본부에서 고문을 받던 중 사망했다. 그의 죽음이 알려지면서 전국적인 민주화 시위가 일어났다.

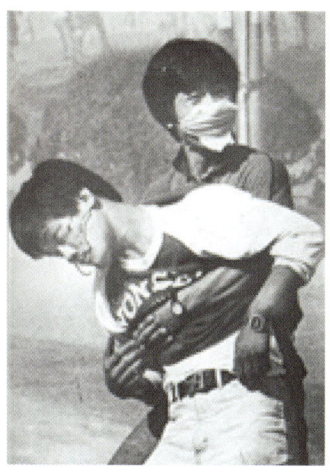

◆ 이한열 열사: 1987년, 연세대학교 학생으로 6월 민주 항쟁 중 최루탄에 맞아 쓰러져 한 달 후 사망했다. 그의 죽음은 6월 민주 항쟁을 더욱 격화시켰고 육이구 민주화 선언을 이끌어 내는 계기가 되었다.

우리나라의 경제 성장

우리나라 근현대사는 정치적으로 민주주의를 위한 투쟁으로 아픔이 많았던 시기이지만 경제적으로는 눈부신 성장을 했던 시기였어요. 우리나라는 1950년대까지만 해도 세계에서 가장 가난한 나라 중 하나였어요. 한국 전쟁으로 모든 것이 파괴되어 국민 대부분이 먹을거리를 걱정해야 했죠. 하지만 이후 30년 동안 우리나라는 세계사에 **유래 없이** 빠른 속도로 성장했어요. 전쟁의 폐허 속에서 놀라운 경제 성장을 이뤄 낸 일을 일컫는 말로 '한강의 기적'이라고 해요.

1960년대에는 우리나라의 첫 경제 개발 오개년 계획이 시작되었어요. 이때는 주로 신발, 가발, 의류와 같은 가벼운 물건들을 만들어 외국에 수출했어요. 이런 산업을 **경공업**이라고 해요. 우리나라 사람들의 손재주가 좋아서 품질 좋은 제품을 많이 만들 수 있었어요.

1970년대에 들어서면서 우리나라는 철강, 자동차, 조선과 같은 **중화학 공업**이 발달하기 시작했어요. 포항제철(현 포스코)에서 철을 직접 만들어 수출했고, 큰 배를 만들어 수출하기도 했어요. 현대자동차는 우리나라 최초의 자동차 '포니'를 만들었어요.

1980년~1990년대에 우리나라는 또 한 번 도약했어요. 정밀 기계, 반도체, 컴퓨터, 전자 제품과 같은 **첨단 산업**이 우리나라의 경제 성장을 이끌었어요. 삼성전자와 LG전자는 세계적인 기업으로 성장했고, 반도체 분야는 세계 최고 수준이 되었어요.

- **유래 없이**: 이전에 비슷한 예가 없을 정도로 특별히.
- **경공업**: 작은 규모의 설비로 주로 가벼운 물건을 생산하는 산업.
- **중화학 공업**: 큰 설비와 자본이 필요한 철강, 조선, 화학 등의 산업.
- **첨단 산업**: 최신 기술을 활용한 산업.

 내용 깊이 알아보기

1. 1960년대와 1970년대 우리나라가 주로 발전시킨 산업을 정리해 보세요.

1)	신발, 가발, 의류와 같은 가벼운 물건을 생산하는 산업.
2)	철강, 자동차, 조선과 같이 큰 설비가 필요한 산업.

2. 우리나라 최초의 자동차 이름은 무엇인가요?

_____

3. 다음 중 1980년~1990년대 한국 경제 성장을 이끈 산업이 아닌 것은 무엇인가요?

① 반도체　　　② 가발

③ 컴퓨터　　　④ 전자 제품

한 줄 정리

우리나라는 경공업-중화학 공업-첨단 산업으로 이어지는 단계적 발전 전략을 통해 한강의 기적이라 불리는 놀라운 경제 성장을 이루었다.

여기서 잠깐, 상식 노트

반도체는 전기를 제어하는 부품으로 스마트폰, 컴퓨터, TV 등의 첨단 전자 제품을 만드는 데 꼭 필요하다. 반도체 수출은 우리나라 전체 수출의 큰 부분을 차지하며 우리나라 경제가 성장하는 데 크게 기여하였다.

배경지식 더하기

시대별 산업의 변화와 서울 올림픽 대회

☞ 우리나라는 1950년대까지 농업이 중심인 사회였다. 1960년부터는 정부 주도로 경제 개발 계획이 추진되며 경공업이 발달하기 시작했다. 1970년대부터는 점차 기술력이 필요한 중화학 공업이 발달했고, 1980년과 1990년대에는 첨단 산업이 발달하며 세계 속의 경제 강국으로 성장했다.

◆ 경공업

◆ 중화학 공업

◆ 첨단 산업

☞ 1988년, 서울 올림픽 대회는 대한민국의 경제 발전을 세계에 알린 큰 축제였다. 아시아에서는 일본 도쿄에 이어 두 번째로 열린 올림픽이었다. 올림픽을 준비하면서 서울의 모습은 크게 바뀌었다. 김포 공항이 현대화되었고, 올림픽 대로와 같은 큰 도로들이 만들어지며 서울이 발전하는 계기가 되었다. 서울 올림픽 대회의 성공적인 개최를 통해 한국의 전통문화와 발전된 모습이 전 세계에 알려졌고, 국제 사회에서 한국의 위상이 한층 높아졌다.

◆ 서울 올림픽 대회

©국가기록사진

경제 위기를 극복한 국민들

　1950년대부터 1990년대 중반까지 우리나라는 높은 경제 성장을 이뤄 냈어요. 그런데 1997년 말, 큰 경제 위기가 닥쳤어요. 그동안 우리나라 기업들은 외국과 은행에서 많은 돈을 빌려 사업을 확장해 왔어요. 그런데 갑자기 세계 경제가 어려워지자 외국 투자자들이 투자금을 **회수**하기 시작했어요. 그러자 우리나라의 돈인 원화의 가치가 **급락**했고, **외환 보유액**이 바닥나기 시작했어요. 국가 부도 위기에 처한 한국은 1997년 12월, 국제 통화 기금(아이엠에프)이라는 국제기구에서 **긴급 자금**을 빌렸어요. 이때부터 '외환 위기'라고 불리는 매우 어려운 시기가 시작돼요. 외환 위기 동안 많은 회사가 문을 닫았고, 수많은 사람이 직장을 잃었어요. 하지만 우리 국민은 이 위기를 함께 극복하기 위해 노력했어요.

　정부는 **부실**한 기업과 은행을 정리하고, 경제 구조를 튼튼하게 바꾸려 노력했어요. 기업도 경영 방식을 개선하고 경쟁력을 높이기 위해 열심히 일했어요. 국민들은 절약을 실천하고 '금 모으기 운동'을 펼쳤어요. 그 결과 우리나라는 다른 나라들이 놀랄 정도로 빠르게 외환 위기를 극복할 수 있었어요. 한국은 외환 위기를 겪은 국가들 중에서 가장 빠른 **회복세**를 보였어요. 그리고 2001년 8월, 우리나라는 국제 통화 기금에서 빌린 돈을 모두 갚으며 경제 위기에서 벗어날 수 있었어요.

- **회수**: 퍼져 있거나 빌려준 것을 다시 거두어들임.
- **급락**: 가격이나 수치가 갑자기 크게 떨어짐.
- **외환 보유액**: 국가가 보유한 외국 화폐나 금 등의 자산 총액.
- **긴급 자금**: 위기 상황에 대처하기 위해 급히 마련한 자금.
- **부실**: 내용이나 상태가 튼튼하지 못하고 허술함.
- **회복세**: 침체된 상태에서 점차 좋아지는 추세.

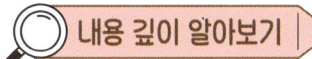

내용 깊이 알아보기

1. 알맞은 내용에 O표 하세요.

- 우리나라의 기업들은 무리하게 많은 돈을 빌렸다. (   )
- 외환 위기 때 원화의 가치가 급등했다. (   )
- 우리나라는 경제 위기를 빠르게 벗어났다. (   )

2. 경제 위기에서 벗어나기 위해 누가 어떤 노력을 했는지 바르게 연결해 보세요.

1) 정부 •   • ⓐ 경영 방식 개선

2) 기업 •   • ⓑ 절약, 금 모으기 운동

3) 국민 •   • ⓒ 부실한 기업과 은행 정리

3. 절약을 실천할 수 있는 방법을 한 가지 이상 써 보세요.

한 줄 정리

국가 부도 위기로 <u>국제 통화 기금</u>에 긴급 자금을 요청해야 했던 한국은 전 국민의 노력으로 빠르게 위기를 극복하고 경제 위기를 벗어났다.

여기서 잠깐, 상식 노트

국제 통화 기금(아이엠에프)는 세계 경제의 안정을 위해 설립된 국제기구이다. 경제 위기에 처한 국가에 자금을 빌려주고, 그 대가로 경제 개혁을 요구한다. 또한 국가 간 경제 협력을 돕고, 세계 무역 성장을 지원하는 역할을 수행한다.

정답: 1. O, X, O 2. 1) ⓒ, 2) ⓐ, 3) ⓑ

배경지식 더하기

세계를 놀라게 한 국민들의 노력

1997년, 외환 위기 당시 우리 국민들은 자발적으로 나라의 위기를 극복하기 위한 다양한 운동을 펼쳤다. 그중 대표적인 것이 '아나바다 운동'과 '금 모으기 운동'이었다. 아나바다는 '아끼고, 나누고, 바꾸고, 다시 쓰자'의 줄임말로, 어려운 경제 상황을 극복하기 위해 물자를 절약하고 재활용하자는 취지에서 시작되었다. 전국 각지에서는 아나바다 장터가 열렸고, 사람들은 쓰지 않는 물건들을 가져와 필요한 사람들과 물물 교환을 하거나 저렴한 가격에 판매했다. 이 운동을 통해 국민들은 불필요한 지출을 줄이며 위기를 극복해 나갔다.

◆ 아나바다 운동

☞ 나라 빚을 갚기 위해 시작된 '금 모으기 운동'은 전 국민적인 참여를 이끌어 냈다. 국민들은 자발적으로 결혼반지, 돌 반지 등 가지고 있던 금을 내놓았고 이렇게 모인 금은 무려 227톤에 달했다. 이러한 국민들의 노력은 외환 보유고를 늘리는 데 큰 도움이 되었을 뿐만 아니라, 우리 국민의 단결력과 애국심을 전 세계에 보여 주었다.

◆ 금 모으기 운동

ⓒ국가기록사진

세계 속의 한국

　요즘 우리나라의 문화가 세계 곳곳에서 큰 인기를 얻고 있어요. 이렇게 한국 문화가 세계적으로 퍼져 나가는 현상을 '한류'라고 해요. 한류는 「겨울연가」나 「대장금」 같은 드라마가 아시아 전역에서 사랑받으며 시작되었어요. 이후 우리나라의 대중가요인 케이팝(K-pop)이 한류를 **선도하게** 되었죠. 아이돌 그룹 소녀시대, 동방신기, 빅뱅은 일본, 중국 등 아시아에서 큰 인기를 얻었고, 2012년 싸이의 「강남스타일」은 전 세계적인 유행했어요. 2020년대에 들어서는 방탄소년단(BTS), 블랙핑크와 같은 우리나라 아이돌 그룹이 빌보드 차트에 **연달아** 이름을 올리며 케이팝(K-pop)의 위상을 높였어요.

　한국 연예인들의 인기와 함께 우리 음식 문화도 세계의 주목을 받고 있어요. 인기 가수가 즐겨 먹는 라면과 과자는 해외에서도 인기 간식이 되었고, 김치와 비빔밥은 이제 세계인이 즐기는 건강식품이 되었어요. 한국의 문화 콘텐츠도 점점 더 많은 관심과 인정을 받고 있어요. 「런닝맨」이나 「무한도전」 같은 예능 프로그램이 아시아 여러 나라에서 사랑받았고, 영화 「기생충」은 미국 아카데미 시상식에서 작품상을 수상했으며, 드라마 「오징어 게임」은 넷플릭스를 통해 전 세계에서 **선풍적**인 인기를 끌었어요. 'K-뷰티'라 불리는 한국의 화장품과 메이크업도 젊은이들 사이에서 **트렌드**가 되었어요. 이렇게 한류는 새로운 분야로 확장되며 한국 문화의 우수성을 세계에 알리고 있어요.

- **선도하다**: 앞장서서 이끌거나 새로운 방향을 제시하다.
- **연달아**: 잇따라 계속해서 일어남.
- **선풍적**: 갑자기 크게 유행하거나 인기를 끄는 것.
- **트렌드**: 특정 시기에 유행하는 경향이나 추세.

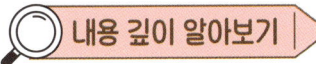

1. 알맞은 내용에 O표 하세요.

- 케이팝(K-pop)은 전 세계에서 큰 사랑을 받고 있다.   (   )
- 영화 「기생충」은 아카데미 상을 수상했다.   (   )
- K-뷰티는 한국의 전통 의상을 의미한다.   (   )

2. 내가 좋아하는 우리나라 가수 또는 우리나라의 문화에 대해 소개하는 글을 써 보세요.

_____

_____

_____

_____

한 줄 정리

한국 문화가 세계적으로 확산하는 현상을 의미하는 한류는 드라마로 시작하여 케이팝(K-pop), 영화, 예능, 음식, 화장품 등 다양한 분야로 확장되며 전 세계에서 인정받고 있다.

여기서 잠깐, 상식 노트

'빌보드 차트'란 미국의 음악 잡지 「빌보드」에서 발표하는 대중음악 순위이다. 빌보드 차트는 세계가 인정하는 가장 대중적이고 권위 있는 음악 차트로, 빌보드 차트에 진입했다는 것은 세계적으로 큰 인기를 끌고 있다는 것을 의미한다.

배경지식 더하기

높은 문화의 힘

👉 대한민국 임시 정부에서 활동했던 김구 선생은 일찍이 문화의 힘을 알고 있었다. 자신의 자서전 『백범일지』에는 김구 선생이 꿈꾸던 문화 강국의 모습이 나타나 있다.

나는 우리나라가 세계에서 가장 아름다운 나라가 되기를 원한다.

가장 부강한 나라가 되기를 원하는 것은 아니다.

내가 남의 침략에 가슴이 아팠으니,

내 나라가 남을 침략하는 것을 원치 아니한다.

우리의 부력(富力)은 우리의 생활을 풍족히 할 만하고,

우리의 강력(强力)은 남의 침략을 막을 만하면 족하다.

오직 한없이 가지고 싶은 것은 높은 문화의 힘이다.

높은 문화의 힘은 우리 자신을 행복되게 하고,

나아가서 남에게 행복을 주기 때문이다.

『백범일지』, 「나의 소원」 중에서

☞ 한국 문화의 힘은 단순히 대중문화에만 있는 것이 아니다. 한글은 세계에서 가장 과학적인 문자로 인정받고 있으며, 한국의 전통 음악과 미술, 건축도 세계인의 관심을 받고 있다. 최근에는 한국의 화장품, 패션, 자동차, 전자 제품 등이 세계 시장에서 좋은 평가를 받고 있다. 김구 선생이 꿈꾸던 '높은 문화'의 나라가 이제 현실이 되어 가고 있는 것이다.

G-DRAGON, 폭우 속 열창으로 베트남 흔든다…'K-POP' 대표 국…
가수 G-DRAGON(지드래곤)이 베트남 전체를 뜨거운 축제의 장으로 뒤흔들며 K-POP을 대표하는 국보급 인기를 입증했다. G-DRAGON은 지난 6월 21일(현지 시간) 베트남 하노이의 미딘 국립경기장(My Dinh National…

— OSEN · 2일 전 · 네이버뉴스

'킹 오브 킹스'→봉준호 '더 밸리'..K-문화 새 역사 쓰는 애니메이션
BTS와 블랙핑크의 세계적인 기록은 '오징어 게임', '기생충', '어쩌면 해피엔딩'으로 이어지며, K-POP을 넘어 드라마 시리즈와 영화, 뮤지컬 등 다양한 K-콘텐츠로 확장되었다. 그리고 이제, 그 바톤을 이어받을 차세대 K-…

F 포브스코리아 · 2일 전

BTS 정국, 세계가 먼저 찾는 K팝 아이콘
포브스코리아(Forbes Korea) = 여경미 기자 포브스코리아는 글로벌 케이팝(K-Pop) 콘텐츠 플랫폼 '엠넷플러스(Mnet Plus)'와 6월 13일부터 30일까지 '글로벌 페스티벌이 사랑한 아이돌'이란 주제로 투표를 진행했다. BTS…

K팝·K드라마에 K뷰티, 한식…NYT "韓, 어떻게 문화강국 됐나"
"오락 넘어 생활방식 자리매김…한국 문화가 주류 됐는지는 의견 갈려" K팝과 K드라마에 이어 K뷰티와 한식까지 전 세계적으로 큰 주목을 받으면서 한국 문화가 전성기를 맞고 있다고 뉴욕타임스(NYT)가 분석했다. NY…